QUE SAIS-JE ?

Histoire des banques centrales

NORBERT OLSZAK

Professeur à l'Université Robert-Schuman de Strasbourg
Doyen de la Faculté de droit, de sciences politiques et de gestion

DU MÊME AUTEUR

Histoire des unions monétaires, Paris, PUF, « Que sais-je ? », n° 3148, 1996.

ISBN 2 13 049326 2

Dépôt légal — 1re édition : 1998, août

108, boulevard Saint-Germain, 75006 Paris

INTRODUCTION

La mise en place d'une banque centrale européenne chargée de gérer dès le 1er janvier 1999 la monnaie unique instituée par le traité de Maastricht provoque un grand intérêt pour ce type d'établissement. Cet intérêt est encore accru par le fait que les différentes banques centrales nationales sont actuellement amenées à affirmer fortement leur présence dans les économies pour préparer l'unification en rapprochant les politiques monétaires avec des contraintes parfois douloureuses et contestées.

Les nombreux commentaires suscités par ces évolutions témoignent des espoirs et des craintes qu'inspirent les banques centrales, ces « banques au second degré » (Rivoire, 1986, 5) chargées de l'émission des billets, de la garantie en dernier ressort du système bancaire ainsi que, souvent, de la stabilité de la monnaie[1]. On pourrait illustrer ces attitudes opposées d'espoirs et de craintes avec deux citations chères à l'un des meilleurs connaisseurs de ces institutions, Jean-Pierre Patat (1972, 1 ; Lévy-Leboyer, 1995, 239), et à beaucoup d'autres auteurs. Elles sont si souvent rappelées qu'elles paraissent incontournables et que nous ne pouvons nous dispenser d'une référence à ces apho-

1. Pour Forrest Capie « il est difficile de définir le rôle de la banque centrale d'une façon qui soit à la fois utile et capable de faire l'unanimité », mais il nous indique ensuite ces trois éléments qui sont tour à tour privilégiés par les auteurs et qui justifient les expressions quasi synonymes de banque centrale, institut d'émission ou banque de réserve (*in* Lévy-Leboyer, 1995, 297).

rismes. Il y a tout d'abord la célèbre sentence de l'américain William Rogers : « Il y a eu trois grandes inventions depuis le commencement des âges : le feu, la roue, la banque centrale. » Puis, en contrepoint, nous trouvons l'affirmation du célèbre monétariste de Chicago, Milton Friedman, qui semble paraphraser l'avis de Clemenceau sur la guerre et les généraux en disant que « la monnaie est une chose trop sérieuse pour la confier aux banques centrales ».

Comme souvent, ces sentences peuvent paraître d'autant plus excessives qu'elles sont sorties de leur contexte[1]. Pour le premier auteur, on ne connaît d'ailleurs pas du tout les références scientifiques qui permettraient d'étayer ou de comprendre la place extraordinaire faite à nos banques dans l'histoire de l'humanité. Et en fait celui qui est parfois présenté comme un économiste n'est autre, selon nous, que le célèbre humoriste, comédien et chroniqueur américain Will Rogers qui vécut de 1879 à 1935 et était fort connu pour ses caricatures verbales (*Dictionary of American Biography,* vol. XXI).

Cependant ce qui n'est finalement qu'une belle boutade mérite tout de même un commentaire linguistique. En effet, dans les manuels rédigés en anglais (par exemple chez Paul Samuelson) la citation de Will Rogers parle de *« Fire, Wheel and Central Banking ».* Si la traduction des deux premiers termes ne pose pas de problème, il n'en est pas de même de cette expression de *« Central Banking »* forgée par les économistes anglais et américains dans les années 1920 et qui désigne le métier ou l'activité des banques centrales.

1. L'aphorisme de M. Friedman trouverait son origine dans une opinion plus détaillée de François Perroux : « L'émission, la monnaie, l'investissement sont choses trop sérieuses pour qu'on s'en remette en ce qui les concerne aux seuls banquiers, fussent-ils semi-publics » (Les banques d'émission et l'État, *Revue d'économie politique,* décembre 1944, cité par A. Plessis, *in* Lévy-Leboyer, 1995, 277).

Un métier consacré à l'émission monétaire, directement, avec les billets, ou indirectement, quand il s'agit de surveiller la création de monnaie de banque. Et c'est sans doute ce rôle dans l'émission qui n'avait pas l'heur de plaire à Milton Friedman, du moins s'il était confié aux banquiers sans aucun contrôle. Car n'oublions pas que si Clemenceau estimait que la guerre était une chose trop grave pour la laisser aux militaires c'était seulement pour exclure le fait que le portefeuille ministériel correspondant puisse être confié à un général. Il s'agissait d'établir un juste partage entre les techniciens et les politiques et surtout de conserver au pouvoir politique la plénitude de sa responsabilité.

C'est bien là encore de nos jours tout le débat autour des banques centrales et du grand problème de leur indépendance et de leur place dans les politiques économiques[1]. Cette intensité provient évidemment de leur relation étroite avec la monnaie, c'est-à-dire avec un instrument technique vital pour l'économie, aussi important que le feu ou bien la roue, mais aussi un instrument régalien, un attribut du pouvoir politique âprement disputé au cours des âges et auquel les démocraties paraissent avoir autant de mal à renoncer que les princes ou les rois d'autrefois.

En fait, dans tous les cas, nous avons une libération par rapport à la nature. Le feu permet de maîtriser l'énergie, la roue assure un affranchissement relatif de la pesanteur et la monnaie de banque, fiduciaire (les billets) ou scripturale (les comptes créditeurs), permet de disposer de moyens de payement beaucoup plus abondants et fluides que ceux offerts par la nature avec des réserves limitées de métal. Grâce aux banques, le

1. M. Dévoluy, L'euro et l'éviction du politique, *Le Monde*, 24 avril 1997, p. 15 ; G. Quaden, Les banques centrales à la croisée des marchés et des politiques, *Repères. Bulletin de la Banque internationale à Luxembourg*, I / 1997, p. 10-14.

capitalisme a pu créer de l'argent, mais il lui fallait tout de même disposer d'une garantie de bonne fin des payements équivalente à celle offerte par la matérialité de la nature et ce sont les banques centrales qui vont avoir ce rôle. Cette substitution à la nature est à la base d'une mutation sociale et politique fondamentale engagée au XVIIe siècle mais pleinement sensible seulement au XXe siècle[1].

Un regard sur l'histoire doit ainsi nous permettre de mieux comprendre les enjeux des transformations en cours[2]. Ce regard n'aura pas besoin d'être trop lointain car il est inutile de remonter jusqu'à la Préhistoire ou même à l'Antiquité, jusqu'aux origines du feu et de la roue ! L'histoire des banques centrales est relativement récente et n'occupe que les trois derniers siècles de la grande histoire plurimillénaire de la monnaie. Beaucoup pensent même avec Forrest Capie qu'il ne s'agit que d'une invention de notre siècle (Lévy-Leboyer, 1995, 297). C'est tout à fait exact si l'on ne s'intéresse qu'aux établissements qui sont placés à la fois au centre et au sommet du système bancaire, avec les fonctions modernes de prêteur en dernier ressort. Mais beaucoup de ces institutions plongent leurs racines dans les siècles précédents et

1. Sur ce point l'on consultera les études remarquables de François Rachline sur cette « alchimie de l'avenir » menée par le capitalisme. Cf. aussi son entretien avec Roger-Pol Droit, *Le Monde,* 22 novembre 1994 : « On est passé d'une structure verticale, établie suivant une chaîne qui relie nature, métal, souverain et société, à une organisation horizontale, articulée sur la communauté des intérêts entre prince et collectivité. Dans ce dernier cas, c'est une institution humaine, la banque centrale, qui se substitue à la nature pour garantir en dernier ressort la bonne fin du paiement. Du point de vue monétaire, la société passe alors d'un ordre naturel à un ordre historique. »

2. Cette approche a fait l'objet d'un séminaire d'Histoire des unions monétaires et des banques centrales dans le cadre du DEA, « Institutions politiques et monétaires et intégration économique en Europe », animé par les P[rs] A. Varoudakis et M. Dietsch à l'Institut d'études politiques de Strasbourg. Nous remercions nos collègues et nos étudiants pour leurs exigences stimulantes.

dans des systèmes différents et c'est au XVIIe siècle que l'on voit apparaître, avec la Banque d'Angleterre ou dans une moindre mesure la Banque de Suède, les premières formes de nos établissements financiers. Ce sont alors les banquiers des souverains et cette place éminente auprès du pouvoir royal est une première manifestation de centralité.

Ces origines historiques lointaines de certaines grandes banques et leurs évolutions ultérieures expliquent les grandes diversités voire les bizarreries que nous pouvons rencontrer dans ce domaine ainsi que l'utilisation d'expressions différentes pour désigner les mêmes choses, comme institut d'émission ou banque de réserve. D'ailleurs les dénominations elles-mêmes ne sont pas toujours très éclairantes sur la nature réelle d'un établissement et sur son appartenance à cette catégorie des banques centrales. Cette expression est d'ailleurs très rarement utilisée dans la raison sociale et quand elle l'est effectivement cela peut être trompeur. Bien sûr dans le cas de la « Caisse centrale des banques populaires » ou de la « Banque centrale des coopératives et des mutuelles » en France, il n'y a pas vraiment de doute sur la nature de l'institution dont le rôle limité et le cadre ordinaire sont indiqués dans l'intitulé, mais on peut hésiter avec le *Banco central* en Espagne, qui est une banque commerciale ordinaire. Par ailleurs, l'adjectif « national », qui fait référence à une place politique éminente, est utilisé pour certaines banques centrales (Belgique, Suisse, Autriche), mais ce n'est pas une indication sûre si l'on prend beaucoup d'autres exemples où cet adjectif est employé par des banques commerciales pour désigner leur champ d'activité, leur statut légal (aux États-Unis) ou bien le régime de leur propriété comme dans certains cas français. Enfin, la mention du pays dans la raison sociale peut faire songer bien évidemment à la centralité de l'institution comme pour la Banque de France, mais il y a là aussi des exemples contraires : *Bank of Ireland, Banco do Brasil*... (Rivoire, 1986, 9).

En fin de compte, on pourrait s'appuyer sur la présence d'un « Gouverneur » à la tête de l'institution pour avoir un indice de son caractère de banque centrale. C'est effectivement un terme très souvent utilisé, mais pas nécessairement (parmi d'autres la *Deutsche Bundesbank* a un président, comme la Banque nationale suisse ou comme la future Banque centrale européenne) ni exclusivement (le Crédit foncier de France est également dirigé par un gouverneur). Toutefois cette spécificité, qui remonte à la création de la Banque d'Angleterre, est intéressante en ce qu'elle indique bien certains rapports particuliers avec le pouvoir politique ainsi que des missions éminentes de direction monétaire et financière. De plus, ce titre met l'accent sur la place considérable qu'ont occupé certaines personnalités dans cette histoire et, au-delà des statuts de dépendance et d'indépendance très variables, on trouve souvent l'intervention décisive des caractères et de la force morale des uns et des autres dans l'orientation des politiques des différents établissements (A. Plessis, *in* Lévy-Leboyer, 1995, 318).

Des facteurs multiples ont orienté l'histoire des banques centrales. Chacune est intimement liée aux particularités de l'histoire de son pays, qu'il s'agisse de l'histoire économique et financière ou de l'histoire générale en raison des contacts étroits entretenus avec le pouvoir. L'évolution des différents systèmes monétaires et bancaires a également déterminé le rôle et le statut des banques centrales, à tel point qu'il est douteux de pouvoir dégager une histoire unique ou uniforme. C'est d'ailleurs le cas de l'histoire bancaire en général où les systèmes résultent rarement d'une conception abstraite ou d'un projet cohérent posé *a priori* (Rivoire, 1986, 3), et il est significatif de constater que beaucoup d'ouvrages de référence doivent combiner une partie synthétique et des chapitres où l'on détaille différentes histoires nationales, pays après pays (cf. par exemple : Pohl ou Goodhart).

Dans le cadre de cet ouvrage il est difficilement envisageable de donner ce catalogue exhaustif de plus d'une centaine d'histoires, banque après banque dont chacune mérite un volume particulier et en bénéficie d'ailleurs souvent. Il nous paraît préférable de nous appuyer sur quelques grands exemples et d'utiliser l'histoire de certaines banques aussi anciennes qu'importantes pour illustrer les grandes étapes de l'évolution des banques centrales. A chaque étape sont apparues des caractéristiques qui, combinées aux autres, se retrouvent encore de nos jours dans les structures ou bien dans les pratiques de ces établissements qui ont toujours su évoluer à la fois très vite et très lentement, pour s'adapter aux réalités tout en ne bouleversant pas les habitudes, base de la confiance du public (Rivoire, 1986, 124).

On peut, en gros, repérer trois grandes étapes de durée à peu près égale dans les trois siècles d'extension maximale de cette histoire. Bien sûr, selon les pays les limites chronologiques sont différentes, en fonction des circonstances nationales et pour les banques les plus récentes, qui utilisent l'expérience des autres, il y a une certaine concentration des phases sur des périodes beaucoup plus courtes. Par ailleurs, comme souvent en histoire des institutions, certaines fonctions ou activités qui existaient déjà dans une première étape ne seront significatives que dans une phase ultérieure. Cependant, on repérera presque toujours les mêmes situations correspondant à des demandes semblables.

Au départ, pour la fin du XVIIe et le XVIIIe siècle dans les exemples les plus anciens, nous trouvons quelques cas d'un nouveau type de banque consacrée surtout aux finances publiques, aux affaires du souverain (chap. I). Il s'agit de mobiliser des ressources, de trouver de la monnaie, et cette préoccupation conduira notamment au développement d'une ressource nouvelle avec la monnaie fiduciaire qui aura une place déterminante dans l'activité des banques à l'étape suivante. En effet, au XIXe siècle, avec l'usage croissant du billet de banque les États vont s'employer à contrôler cette nouvelle source de monnaie en vertu de leur droit régalien. La concession de privilèges d'émission fut le moyen généralement employé avec comme résultat la concentration et le monopole d'un « institut d'émission ». Ce créateur de monnaie était souvent l'ancienne banque du souverain ou bien fut fondé spécialement à cette fin, parfois seulement assez tard d'ailleurs comme en Suisse en 1907 ou aux États-Unis en 1913, donc dans l'extrême limite de ce XIXe siècle prolongé jusqu'à la première guerre mondiale (chap. II). Enfin, au XXe siècle, quand cette institution fut quasi généralisée à l'échelle du globe, ses missions ont dû évoluer en raison des bouleversements économiques et monétaires apportés notamment par cette Grande guerre. L'évolution du billet de banque, de plus en plus autonome par rapport à la monnaie métallique traditionnelle, et le développement de la monnaie scripturale dont nous voyons seulement l'achèvement avec la monnaie électronique, ont rendu indispensable un contrôle renforcé du système dans la perspective d'une garantie des payements. A côté de fonctions de gestion des réserves monétaires, accompagnées parfois d'une intervention dans le contrôle des changes, le rôle de « prêteur en dernier ressort » sera ainsi de plus en plus nettement la mission principale des banques centrales. Ce rôle de gardien de la monnaie a justifié parfois leur tutelle sur les autres banques mais a aussi conduit à leur propre mise en tutelle par le pouvoir[1]. Ces banques qui étaient

1. Cette situation place l'Institut d'émission au rang des institutions administratives étudiées par le droit public. Cf. D. Triantafyllou, *L'activité administrative de la Banque centrale*, Paris, Litec, 1992, 98 p.

des sociétés privées vont être nationalisées ou bien soumises à un contrôle de plus en plus étroit dans la logique du droit régalien de création monétaire mais surtout dans la perspective d'une meilleure réponse aux sollicitations des politiques économiques très gourmandes en financements. Cette période de mise en sujétion fut toutefois relativement brève et ces dernières années ont vu le retour en grâce des idées d'indépendance des banques centrales, nécessaire à la stabilité des prix et de la monnaie (chap. III).

Ces rôles successifs de chercheur, de créateur et de gardien de la monnaie, ces trois étapes historiques débouchent ainsi sur la gloire des instituts d'émission qui sont en quelque sorte devenus des banques souveraines, indépendantes des actionnaires comme du pouvoir politique. Ce statut hors du commun doit leur offrir la force nécessaire pour défendre la monnaie face au sceptre invisible de celui qui serait le véritable souverain du nouvel ordre mondial libéral : le marché. Les garanties de stabilité que l'on pouvait espérer autrefois de l'objectivité de la référence métallique sont maintenant recherchées dans des aménagements statutaires. Ceux-ci conduisent aussi à des regroupements ou à des innovations au-delà des espaces nationaux. La mise en place de nouvelles institutions politiques et économiques internationales doit s'accompagner de l'indispensable institution monétaire. La création d'une banque centrale européenne est un enjeu du proche avenir, mais elle s'appuie sur des projets déjà centenaires et des réalisations partielles au niveau régional ou international (chap. IV). Nous aurons donc à nous plonger pour finir dans cette histoire en marche, traduction d'espoirs anciens et constants d'une richesse générale dont on pourrait jouir tranquillement dans la stabilité rassurante d'un univers maîtrisé grâce à l'action bienveillante des instituts d'émission ou banques centrales.

Chapitre I

LES BANQUES DES SOUVERAINS AU CENTRE DES FINANCES DU POUVOIR (XVIIe-XVIIIe SIÈCLES)

L'histoire de nombreuses banques centrales commence dans l'orbite des monarques qui essayèrent de trouver un accès supplémentaire à des ressources financières, en plus du domaine royal et des prêts des marchands. Ceci correspondait aux besoins ordinaires croissants et insatiables de l'État moderne, mais également aux coûts extraordinaires des guerres livrées par les États-nations, et bien sûr aussi aux principes du mercantilisme[1]. Les banques publiques créées généralement dans un cadre municipal et pour les besoins du commerce avaient montré de grandes capacités. Sur ces bases, des institutions nouvelles furent établies au niveau de l'État. Ce sont ces besoins stratégiques qui furent à l'origine de la Banque d'Angleterre, qui par son succès servira ensuite de modèle à d'autres réalisations, notamment aux États-Unis. Mais dans la chronologie le prestigieux établissement britannique est devancé par la Banque de Suède qui, un peu accidentellement il est vrai, fut la toute première banque rattachée formellement à l'État.

1. M. Bottin, *Histoire des finances publiques,* Paris, Economica, 1997, p. 19-27.

I. — La tradition des banques publiques

Parmi les premiers établissements bancaires on rencontre des banques liées aux pouvoirs publics et chargées de missions publiques, qu'il s'agisse de la gestion de la dette ou bien de celle des payements sur les marchés. Ces banques apparurent dès le XVe siècle dans certaines villes qui utilisèrent leur autonomie politique relative et l'inspiration bénéfique des marchands pour établir ces innovations.

Il convenait d'abord de répondre aux difficultés créées par la multiplication des titres de la dette publique dans certaines villes et tout particulièrement à Gênes. Beaucoup d'emprunts avaient été émis et le service de leurs intérêts était à chaque fois gagé par des revenus municipaux ou des impôts spécifiques. Après plusieurs générations, ce système paraissait inextricable et il devenait indispensable d'assainir les finances obérées par l'excès des émissions. Il fut ainsi décidé de consolider et de regrouper la dette et d'en confier la gestion à un nouvel organe, la *Casa di San Giorgio*, fondée en 1408. Cette nouvelle caisse publique eut un grand succès et acquit progressivement une clientèle privée pour des opérations de dépôt et de virement, mais ces ressources supplémentaires furent sollicitées par la ville pour des avances assez fréquentes ce qui suscita évidemment une méfiance : dès 1444 la *Casa* dut se borner à sa mission municipale. Cependant en Espagne à la même époque, la combinaison des deux activités privées et publiques réussira à se maintenir. En 1401 une *Taula de Cambi y de Comuns Deposits* est établie à Barcelone et d'autres suivent à Valence, Saragosse et Gérone (Van der Wee, 1992, 93-94). Ces institutions autonomes assurent elles aussi une mission de gestion d'une dette publique unifiée et des avances aux trésors municipaux mais comme leur nom l'indique elles avaient peut-être surtout à l'origine une fonction liée aux besoins du commerce et des échanges. Ce sont ces besoins que l'on retrouvera au siècle suivant à la base de nouvelles créations dans l'Europe du Nord.

En effet, les désordres monétaires provoqués par l'existence de nombreuses espèces différentes aux mutations fréquentes vont pousser à la fondation d'autres établissements qui se chargeront des virements et des changes. En s'inspirant des monnaies de foire médiévales puis des nouvelles pratiques financières de virement connues à Anvers dès le XVIe siècle certaines villes vont ainsi créer des banques qui établiront leurs comptes dans une unité propre correspondant à un poids invariable de métal. Après le *Banco della Piazza di Rialto*, fondé à Venise en 1587, le premier grand exemple est celui de la Banque de change d'Amsterdam créée par la municipalité le 31 janvier 1609. Les comptes sont libellés en « florin-banco » et toutes les traites de plus de 600 florins sur Amsterdam devaient être obligatoirement payées dans cette monnaie de banque : les marchands étaient ainsi assurés de recevoir la valeur prévue, indépendamment des mutations des pièces et cette innovation rencontra un très grand succès. Hambourg adopta un système analogue le 2 mars 1619 avec le « mark-banco » et sa banque utilisera cette monnaie jusqu'au lendemain de la création du mark en 1873 ! Bien d'autres villes marchandes allaient suivre ces beaux exemples : Rotterdam, Delft, Middelbourg, Nuremberg, Berlin et enfin Breslau, avec un « thaler-banco ».

Mais si ces établissements jouent un très grand rôle dans la circulation de la monnaie, ils n'interviennent pas en principe dans sa création : souvent leurs statuts interdisent les crédits et les virements ou les billets doivent correspondre strictement aux dépôts métalliques. Cependant, vu l'importance des dépôts qui ont afflué grâce au développement des affaires, à la commodité du système pour les marchands et au monopole du change parfois institué comme à Amsterdam, il était tentant de s'appuyer sur leur masse rassurante pour faire quelques entorses à ce principe. La *Amsterdamsche Wisselbank* resta relativement à l'écart de ces excès, bien que ce soit discuté (Kindleberger, 1990, 71). Il semble qu'elle se soit limitée à des avances à court terme à la Compagnie des Indes orientales pour la constitution et l'entretien de sa flotte, ainsi qu'à des prêts au Trésor municipal. Il lui était difficile de résister à son propriétaire, mais en fait ces prêts étaient largement couverts par les réserves constituées grâce aux bénéfices confortables de la Banque et de ce fait il n'y avait pas de problème à prévoir pour la conversion des billets (Van der Wee, 1992, 214). Par contre, d'autres petits établissements s'étaient laissés aller à des opérations plus hasardeuses et eurent beaucoup de mal à résister à des vagues de retraits qui se déclenchèrent lors de l'invasion des Pays-Bas par les armées françaises en 1672. La plupart de ces banques municipales firent faillite mais malheureusement un peu trop tard pour que cela serve de leçon aux financiers scandinaves engagés depuis quelques années déjà dans des innovations qui les placent aux origines des banques centrales.

II. — La Banque de Suède

La banque centrale de Suède, la *Sveriges Riksbank*, voit son histoire remonter à l'année 1656, en plein cœur d'un siècle de grandeur pour le royaume. Mais cette antériorité ne concerne que ses racines : en effet, à cette date est fondée à Stockholm une banque privée en vertu d'une charte accordée à Hans Wittmacher, à qui l'on attribue la première expression de l'idée d'émettre des billets au-delà de l'encaisse métallique (Goodhart, 1988, 122-123). Une idée qui allait rapidement s'avérer très dangereuse car en 1663 et 1664 beaucoup de porteurs de billets demandèrent leur conversion ce qui entraîna évidemment de graves difficultés et la disparition de notre établissement. Mais heureusement certains membres du gouvernement avaient été convaincus de l'intérêt de la banque et elle fut reconstituée en 1668 sous la tutelle du Parlement ce qui marque la vraie naissance de cette banque publique.

1. **La Banque de Stockholm.** — Après la guerre de Trente ans, la puissance de la Suède était affirmée, mais cela causait de gros soucis financiers au royaume. Aux goûts dispendieux de la « Princesse baroque » Christine succédèrent les dépenses guerrières de son cousin Charles X Gustave. Celui-ci va écouter avec attention les propositions du financier Hans Wittmacher, originaire de Livonie mais avec des ascendances hollandaises. En échange d'un prêt, il obtiendra ainsi un privilège exclusif qui lui permettra de créer le 30 novembre 1656 une banque privée qui pourra se livrer aux opérations de change et de virement mais aussi au crédit.

Wittmacher connaissait bien le modèle d'Amsterdam et va ainsi réunir les activités pratiquées par la *Amsterdamsche Wisselbank* mais aussi celles d'une autre institution, la *Bank van Lening*, qui pratiquait le prêt sur gages et nantissements. A Stockholm, nous avons de ce fait deux établissements distincts, la *Wexelbank* et la *Länebank* mais la séparation n'est pas étanche car la première, qui ne peut faire du crédit, met ses ressources à la disposition de la seconde.

Outre les activités habituelles de virement et de change, la Banque de Stockholm va progressivement se livrer à l'émission de billets. D'abord sous la forme de certificats de dépôt portant intérêt, qui circulent assez mal en raison notamment des difficultés liées à la nécessité de calculer les intérêts à chaque transmission, puis à partir de 1661 sous forme de billets au porteur qui sont des promesses de payement émises dans le cadre de crédits, sans dépôt préalable d'espèces. Cette invention majeure de Wittmacher, qui avait entre temps été anobli sous le nom de Johan Palmstruch, est soutenue par un nouveau privilège exclusif pour trente ans qui a été obtenu grâce à de nouveaux prêts au souverain. Mais ce billet correspondait aussi à un vrai besoin pour la Suède en raison des particularités assez extraordinaires de sa monnaie.

En effet en 1625 le roi Gustave II Adolf avait institué un système bimétallique reposant sur l'argent et sur le cuivre dans le but d'accroître les ressources monétaires de la Suède qui disposait d'importants gisements de métal rouge. Il fit ainsi frapper une pièce de cuivre d'un *daler* qui pesait 1 kg, mais ses successeurs iront jusqu'à mettre en circulation des pièces de dix *dalers* et comme la valeur du cuivre avait baissé sur le marché il faudra aller jusqu'à des « pièces » de 19,7 kg, en fait d'énormes plaques ! Cette baisse du cours commercial du cuivre avait évidemment entraîné la disparition du bon métal blanc, selon la fameuse loi de Gresham car l'argent était thésaurisé ou exporté. Cependant on pouvait difficilement dire que la « mauvaise monnaie chassait la bonne » car la monnaie de cuivre très malcommode ne circulait pas non plus. On était donc bien content de pouvoir trouver des billets de banque. Ceux-ci étaient convertibles en cuivre mais faisaient prime sur les espèces métalliques grâce au service rendu.

Après un engouement initial, la situation s'inversa en 1663 et la Banque fut confrontée à des retraits massifs de cuivre, dont le cours s'était amélioré. La couverture insuffisante conduisit à une situation de panique et à une chute du cours du billet. Bien que celle-ci ait été finalement assez modérée en ne dépassant pas 10 % car les difficultés pratiques de la conversion en tonnes de cuivre jouaient un rôle amortisseur, le gouvernement royal décida la fermeture précipitée de la Banque en 1664 (Lagerqvist, *in* North, 1995, 387). Par excès de précaution l'expérience de Palmstruch fut brutalement interrompue, mais sans que l'idée d'une banque moderne soit condamnée, car on va retrouver une institution analogue quelques années plus tard à peine, sous l'égide du Parlement qui créa en 1668 ce qui peut apparaître comme la plus ancienne banque d'État du monde.

2. **La Banque des États généraux.** — Cette nouvelle banque publique fut alors appelée *Riksens Ständers Bank* ce qui désignait son rattachement au Parlement, situation originale qui durera jusqu'à nos jours et se trouvera beaucoup plus tard confirmée par la Constitution, autre originalité. Cependant elle va fonctionner en tant que banque commerciale, d'autant plus qu'elle sera pendant plus d'un siècle et demi la seule banque du pays : ce n'est qu'en 1830 que l'on verra la création du premier d'une série d'autres établissements *(Enskilda banken)*.

Jusque-là elle détenait un monopole de fait largement soutenu par le Parlement qui n'hésitait pas à encourager l'utilisation de ses billets en fonction des besoins publics. Pourtant lors de la « nationalisation » de 1668 l'on avait exclu la possibilité d'émission pour éviter les problèmes rencontrés auparavant : les crédits ne devaient pas conduire à l'émission de billets circulant en tant que monnaie et l'on aura d'abord recours aux ordres de virement ou de payement, aux chèques, pour utiliser ces crédits. Par ailleurs, la banque va émettre des « certificats de dépôt » correspondant strictement aux versements d'espèces, car le maintien jusqu'en 1772 de l'usage monétaire du cuivre continuait à provoquer un fort besoin de billets, plus commodes pour les payements.

On avait également pris soin, selon le modèle initial mais avec plus de rigueur encore, de diviser la banque en deux départements, l'un étant chargé des opérations de change, c'est-à-dire du règlement des effets de commerce, l'autre s'occupant des prêts accordés en fonction de dépôts, de nantissements et surtout d'hypothèques au profit de la noblesse qui était le principal client. Cependant il semble qu'une clause secrète ait permis des avances à court terme du premier au second. Cette facilité, inspirée de l'expérience de Palmstruch, va permettre de répondre aux demandes du gouvernement qui vont conduire à quelques excès d'émission et provoquer des tensions, notamment lors d'épisodes guerriers. Le cours du billet va ainsi devoir être soutenu tout d'abord par la reconnaissance de son pouvoir libératoire en 1726, ce qui est également une antériorité suédoise (en dehors de l'exemple conjoncturel de la France en 1720), puis à plusieurs reprises par la suspension de sa convertibilité, de 1745 à 1776 et de 1810 à 1834.

Avec le développement du système bancaire, la position de la banque royale va nécessairement changer en raison de la concurrence, et son activité bancaire se concentrera sur le financement des activités de l'État, selon une tendance entamée dès le milieu du XVIIIe siècle (Houtman, van der Wee, *in* Pohl, 1995, 138). En 1867 elle prendra d'ailleurs le nom de *Sveriges Riksbank* qui marque plus nettement la position éminente qu'elle vise à conquérir en tant qu'institut d'émission. Elle a connu ainsi les problèmes de concurrence que la Banque d'Angleterre, pourtant créée plus tard, avait déjà rencontrés au début du siècle.

III. — La Banque d'Angleterre

La création de la *Bank of England* en 1694 se situe au cœur d'une longue évolution. Après près de deux siècles d'une histoire financière complexe, marquée comme partout en Europe par les exigences du souverain, le nouvel établissement allait inaugurer rapidement une ère nouvelle et s'imposer comme une solution porteuse d'avenir (Houtman, van der Wee, *in* Pohl, 1993, 149-166).

1. **Une réponse aux besoins de financement.** — Depuis le XVIe siècle, la Couronne britannique était confrontée à une crise financière chronique, compliquée par des relations difficiles avec le Parlement, peu disposé à accorder de nouveaux moyens. Il en résulta une succession d'emprunts à court terme auprès de prêteurs divers, nobles ou marchands, parfois étrangers, ainsi que des mises en vente de parties du domaine ou bien la concession de monopoles fiscaux à des financiers. Ces expédients étaient très onéreux et entretenaient un certain désordre général des finances et la monarchie s'est préoccupée à plusieurs reprises d'une remise en ordre et d'une consolidation de la dette, notamment pour s'affranchir d'une présence trop forte des orfèvres, ces banquiers de fait qui s'étaient rendus indispensables en prêtant directement et surtout en négociant les titres de dette publique détenus par les particuliers. Ces titres avaient des échéances souvent imprécises et les orfèvres se chargeaient d'obtenir leur remboursement ou bien les escomptaient ce qui faisait qu'ils en détenaient parfois la quasi-totalité.

Cette tendance à la rationalisation fut confirmée, après la crise de 1672, par la création d'une rente perpétuelle et surtout après l'instauration d'un régime parlementaire en 1689 car le contrôle sérieux exercé par le Parlement sur les finances publiques allait aboutir à des règles rigoureuses pour les emprunts gagés sur des ressources précises, tout en faisant régner un climat rassurant pour les investisseurs. De plus, le nouveau roi, Guillaume III d'Orange, était aussi *Stathouder* de Hollande et ceci favorisa les relations avec le monde financier d'Amsterdam, pas seulement pour en tirer des ressources monétaires ou placer des emprunts ou des actions, mais surtout pour y recueillir des idées favorables au développement d'un système bancaire moderne en Angleterre.

En fait les marchands et financiers londoniens cherchaient à cette époque un moyen de quitter des structures relativement archaïques et de fonder un ou plusieurs établissements comparables aux grandes banques du Continent : les orfèvres-banquiers avaient rendu de grands services et plusieurs dizaines exerçaient toujours *Lombard Street*, mais le caractère très personnel de leur activité leur conférait une grande fragilité et les faillites étaient fréquentes. La nouvelle ambiance qui entourait les finances publiques et les besoins toujours très importants du Trésor, sollicité par les guerres européennes du tournant du siècle, ont alors favorisé l'émergence de projets préparés par des hommes d'affaires qui entendaient négocier l'acceptation royale contre des apports financiers. Charles Montagu, le chancelier de l'Échiquier de Guillaume III, a pu examiner plus de 70 projets financiers différents allant de la création de loteries à celle de compagnies de commerce, en passant bien entendu par les banques. Parmi ces projets, celui du financier écossais William Patterson (1658-1719) allait aboutir à la création de la Banque d'Angleterre[1].

1. J. Clapham, *The Bank of England. A History,* Cambridge, 1944, 2 vol.

2. **La fondation.** — Patterson s'était en fait pris à trois fois pour formuler des propositions en compagnie de plusieurs collègues londoniens. La troisième tentative fut la bonne sans doute parce qu'elle coïncidait avec la résolution gouvernementale de lancer un nouvel emprunt de 1 million et demi de livres, alors que des sommes presque aussi élevées venaient tout juste d'être réclamées en 1693 et en 1694, mais les besoins de la guerre avec la France étaient une fois de plus énormes. Patterson proposa de lancer un emprunt à long terme de 1 200 000 £ et de trouver le reste en plaçant des rentes viagères. Les taux envisagés étaient très élevés et il est surprenant de voir le Gouvernement accueillir favorablement cette offre. Mais le plan comprenait un autre volet riche de promesses : les souscripteurs à l'emprunt pourraient ensuite apporter leurs titres pour former le capital d'une nouvelle banque qui se livrerait à toutes les opérations habituelles mais s'intéresserait aussi tout spécialement à l'escompte d'effets publics. Cet établissement serait ainsi la toute première *public bank* anglaise, en raison de cette structure de société par actions, par opposition aux entreprises personnelles des *private bankers.*

En avril 1694, ce plan rencontra un écho très favorable au Parlement qui vota le *Tunnage Act* et autorisa la création de la Banque d'Angleterre. Un curieux nom pour cet acte fondateur, mais cette loi établissait avant tout un nouvel impôt sur la jauge des navires affecté à la charge du nouvel emprunt, selon les principes financiers désormais en vigueur. Les bases étant fixées, la souscription put commencer le 21 juin. Le succès fut immense et la souscription close en onze jours avec 1 272 participants, dont le roi et la reine. En dehors de ces augustes personnages, on trouvait surtout des membres de la bourgeoisie londonienne et de la noblesse de province. Parmi les marchands, beaucoup étaient des réfugiés protestants, préoccupés d'assurer la pérennité de la Maison d'Orange et du parlementarisme dans la guerre contre les Stuarts et Louis XIV (Pose, 1942, 66). Mais si ces motivations politiques ont pu faciliter les choses, il est plutôt à croire que les souscripteurs étaient très intéressés par les avantages économiques et financiers du lancement de cette grande banque nationale.

Celle-ci obtint son privilège royal le 27 juillet 1694, pour une période allant jusqu'en 1706, et put commencer ses opérations. Dès la fin de l'année, elle remet au gouvernement un montant de 1 200 000 £ sous forme de bons ou billets transférables et négociables : les *sealed bills* qui portaient son sceau. En échange, elle reçoit le même montant en reconnaissances de dettes, les *tallies*, également transférables. L'emprunt initial s'était ainsi largement multiplié.

3. **Un développement remarquable.** — La croissance de la Banque d'Angleterre bénéficia constamment de la sollicitude du Gouvernement qui lui accorda sa clientèle, mais les pouvoirs publics surent aussi négocier favorablement le renouvellement des privilèges contre d'autres prêts à long terme et ce dès 1707 grâce à une augmentation de capital. Cette liaison entre la forme sociétaire et le crédit public fut d'ailleurs confortée par le privilège de 1707 qui réserva à la Banque le statut de société de capitaux ou *joint-stocks bank*, toutes les autres banques devant rester des sociétés de personnes limitées à six associés. Mais son monopole sur cette forme moderne n'était valable que pour l'Angleterre et elle dut souffrir la concurrence dans leur région de la *Bank of Scotland*, créée dès 1695, puis de la *Royal Bank of Scotland* (1727) et de la *British Linen-Bank* (1747).

Cependant ce lien avec le pouvoir royal n'entraînait nullement une exclusivité et la Banque accepta aussi l'escompte de lettres de change ou des dépôts privés pour lesquels des techniques sophistiquées furent mises au point, parallèlement à celles développées pour le crédit public. Toutes sortes de billets, aux régimes différents, portant intérêt ou non, furent émis mais généralement on proposait aux déposants des reçus sur des formules imprimées, des *running cash notes* ou *cashier's notes*, avec des montants en chiffres ronds (par exemple 50 ou 100 £). Ces reçus comportaient une clause au porteur et pouvaient ainsi circuler comme monnaie. Ils correspondaient aux certificats de dépôts des orfèvres auxquels ils firent une concurrence accrue jusqu'à les supplanter entièrement vers le milieu du XVIIIe siècle. A cette époque les billets avaient d'ailleurs pris la forme de promesses de payement, *promissory notes*, et s'éloignaient du caractère primitif de certificats de dépôt, ce qui permettait donc de mieux s'abstraire de la stricte couverture métallique. L'importance de son activité de caissier de l'État et de gestionnaire de la dette favorisait évidemment la circulation de ces billets.

Ce succès commercial restait toutefois limité à la capitale, selon une politique prudente de la Banque d'Angleterre qui était de fait surtout la Banque de Londres, sans succursale. Elle s'est notamment limitée à des coupures d'un montant assez élevé pour sélectionner les porteurs de ses billets. Jusqu'en 1759 elle n'émettait pas en dessous de 20 £, ce qui correspondait à cinq mois de salaire d'un de ses employés. En s'adressant aux gros clients et non au public elle pouvait être relativement à l'abri de mouvements massifs de demandes de remboursements en espèces. Cependant elle abaissera ce seuil jusqu'à 5 £ en 1793 pour répondre à la crise des banques provinciales.

En effet, à côté des établissements londoniens qui outre la Banque d'Angleterre comprenaient encore les banquiers du *West-End*, dont la clientèle était l'aristocratie, et ceux de la *City*, on voyait se créer de plus en plus de banques en province : en 1750, il y avait une douzaine de *Country banks*, en 1784 on en comptait déjà 120 et elles seront 650 en 1810. Ces banques se livrent à l'escompte, acceptent des dépôts et émettent leurs propres billets. Fondées par des marchands ou des industriels et insérées dans le développement économique des prémices de la révolution industrielle elles connaissent une certaine fragilité d'autant plus sensible que leur surface est assez limitée. Mais ces banques provinciales vont utiliser le relais des banquiers de Londres et un système national se constituera progressivement où la Banque d'Angleterre occupera une place essentielle grâce à la confiance qu'elle inspire. En fait elle va jouer dès le milieu du siècle un rôle de « banque de dernier ressort » sous deux formes, pour les marchands et pour les banquiers. Quand un marchand ne trouvait pas d'escompte auprès de son banquier, faute de disponibilités, il pouvait toujours essayer de s'adresser à la Banque d'Angleterre. Et un banquier pouvait aussi présenter les effets de son portefeuille au réescompte. D'ailleurs les banquiers avaient pris l'habitude d'ouvrir des comptes auprès de la Banque d'Angleterre et d'y transférer leurs réserves d'or, assurés qu'ils étaient de pouvoir compter sur des billets convertibles en cas de besoin. Ce système avait réussi à franchir plusieurs crises et démontré de ce fait sa solidité acquise dans une formation progressive et empirique. Celle-ci contraste fortement avec la construction rationnelle tentée au début du siècle par John Law qui marquera malheureusement l'histoire française de la monnaie de banque de l'empreinte d'un échec retentissant.

IV. — **Le « Système » de Law**

La France de Louis XIV connaissait largement les mêmes problèmes financiers que son adversaire anglais, peut-être même avec une ampleur plus grande à la mesure de la dimension de l'absolutisme, et les finances royales se trouvaient obérées par une dette considérable. Jean-Baptiste Colbert avait bien tenté en 1674 de maîtriser ce flux de l'endettement avec une Caisse des emprunts mais sans succès durable face aux besoins toujours renouvelés. L'argent faisait défaut, malgré les acquis de la politique mercantiliste, et manquait sans doute aussi un système fiscal capable de le drainer efficacement.

Ces défauts ont été pris en considération par un financier écossais, John Law (1671-1729), qui développa un projet complet que l'on peut qualifier de mercantilisme fiduciaire[1]. Il demeurait mercantiliste dans la mesure où la puissance économique dépendait de la quantité de monnaie, mais, bien que fils d'orfèvre-banquier, il n'avait pas l'obsession du métal précieux : l'activité sera stimulée par l'émission de papier, dont la valeur sera auto-entretenue par l'expansion économique, et notamment par le développement des colonies, ce qui se rattachait d'ailleurs aussi au mercantilisme. Law avait essayé à plusieurs reprises depuis 1701 de convaincre le pouvoir royal de créer une banque d'émission et il revint encore à la charge en juillet 1715 avec un « Mémoire sur les banques », toujours sans succès. Mais la mort de Louis XIV en septembre allait lui permettre d'obtenir enfin l'autorisation de créer sa Banque qui sera la base d'un système complexe dirigé quelques années plus tard par une Banque royale[2].

1. **La Banque générale.** — Les circonstances étaient favorables au projet de John Law car le duc d'Orléans,

1. Sur la sempiternelle question de la prononciation correcte du nom de J. Law *(Lasse)*, cf. *L'Intermédiaire des chercheurs et des curieux*, octobre 1995, 1036.

2. E. Faure, *La banqueroute de Law. 17 juillet 1720*, Paris, Gallimard, 1977, 742 p. ; J. Cellard, *John Law et la Régence (1715-1729)*, Paris, Plon, 1996, 456 p. Cf. aussi une excellente synthèse chez Houtman, van der Wee, *in* Pohl, 1993, 139-149.

qui exerçait la régence pendant la minorité de Louis XV, avait trouvé une situation catastrophique où les recettes fiscales des deux années suivantes étaient déjà engagées. En dehors de mesures drastiques contre les créanciers, peu intéressantes pour le crédit public, il fallait absolument trouver des solutions nouvelles. Or le financier écossais avait modifié son plan en proposant maintenant la création d'un établissement privé au capital de 6 millions de livres tournois divisé en 1 200 actions de 5 000 livres. Le quart seulement devait être versé à la souscription dont 25 % au moins en espèces, le reste pouvant être représenté par des titres de la dette publique. On retrouve là le mécanisme de consolidation de la dette utilisé pour la Banque d'Angleterre, mais la ressemblance s'arrêtait là car notre banque était loin d'être générale malgré son titre. En effet, elle ne pouvait pas faire d'opérations de crédit et se limitait à des opérations de dépôts, virements, change et émission car il s'agissait surtout de favoriser la disponibilité monétaire par un accroissement de la circulation.

Law obtint l'autorisation de créer sa Banque générale le 2 mai 1716, avec un privilège d'émission de vingt ans. Ces billets étaient émis exclusivement en contrepartie de dépôts d'espèces et se trouvaient libellés en « écus de banque » et non en livres tournois. Ce nominal en monnaie réelle, selon le poids au jour du privilège, offrait une garantie contre les variations de la monnaie de compte, comme on le pratiquait déjà dans les banques publiques hollandaises. Cet avantage considérable, car les stipulations en espèces réelles étaient jusqu'alors rigoureusement interdites, devait favoriser la demande de billets, bien qu'ils ne portaient pas intérêt et qu'ils n'avaient pas cours légal. De plus le 10 avril 1717, le Régent ordonna aux officiers des finances de recevoir les billets en payement des taxes, ce qui était un soutien puissant à l'acceptation des billets dans tout le Royaume alors que la Banque n'avait qu'un établissement à Paris.

L'activité démarra de façon assez modérée et progressive, mais après un an Law va déployer une énergie extraordinaire pour mettre en place son « système de finance » et bousculer l'organisation établie. Dès le 5 septembre 1717 il obtient le privilège lui permettant de créer la pièce maîtresse de ce système : la Compagnie de Commerce d'Occident avec un monopole sur le trafic colonial du Canada et de la Louisiane. Cette société avait un capital de 100 millions de livres que l'on pouvait souscrire en « billets d'État » c'est-à-dire avec un papier qui avait été émis lors des crises financières précédentes pour rembourser des porteurs de titres d'État, par exemple les déposants de la Caisse des emprunts en 1709 ou bien en 1716 à l'occasion d'opérations de visa de la dette. Ces billets étaient très dépréciés, à 30 % du nominal environ, mais Law les acceptait au pair ce qui ne pouvait qu'attirer les victimes des spoliations précédentes. De toute façon le commerce colonial était très attractif et promettait des dividendes très élevés, largement plus intéressants que les rentes d'État. On pouvait donc imaginer que, selon le plan de Law, toute la dette serait convertie un jour en actions et que la Compagnie d'Occident serait à terme l'unique créancier de l'État. En attendant, dès l'achèvement rapide de la souscription, la Compagnie transféra au Trésor tous les titres publics qu'elle avait recueillis en échange d'une rente annuelle de 4 millions de livres garantie par la ferme de l'impôt sur le tabac. L'opération était ainsi non seulement sûre mais pouvait aussi devenir particulièrement lucrative car la Compagnie envisageait de devenir producteur de tabac en Louisiane et de jouer grâce à cela sur deux tableaux.

Après ce succès, Law s'employa à développer sa Compagnie et racheta en décembre 1718 la Compagnie du Sénégal, déjà très active dans le commerce colonial. Par contraste, la Banque générale paraît moins intéressante, d'autant plus que l'hostilité de certains financiers comme les frères Pâris obligeait à une grande prudence dans l'émission : en tant que fermiers généraux ils détenaient de grandes quantités de billets qu'ils étaient obligés, à leur grand dam, d'accepter en payement des impôts et ils pouvaient gêner la Banque en demandant brutalement leur conversion. Ce même mois de décembre 1718 il fut donc convenu avec le Régent qu'il serait préférable, vu ses missions monétaires, que la Banque soit aux mains du gouvernement royal. Le capital fut donc racheté, en espèces, et la Banque devint royale à compter du 1er janvier 1719. Mais elle ne sort pas complètement du « Système » car son actif était en fait représenté presque entièrement par des actions de la Compagnie d'Occident et elle aura une place de choix dans le tourbillon financier qui va se lancer dans le courant de cette nouvelle année.

2. **La Banque royale.** — Le changement de propriétaire de la Banque ne va pas être sans conséquence sur les billets. Ceux-ci portent désormais le sceau royal et sont émis au choix en écus de banque ou en monnaie de compte, selon des contingents fixés par le conseil de régence, mais avec l'exigence d'une couverture en espèces dans la lignée de la politique prudente engagée auparavant. Cependant leur circulation va être favorisée par l'ouverture de succursales en province.

Cette année 1719 va surtout être marquée par une formidable expansion de la Compagnie d'Occident qui reprend les privilèges d'autres compagnies de commerce et se transforme en Compagnie des Indes. A ce monopole du commerce colonial très lucratif, la nouvelle Compagnie va très rapidement ajouter quantité d'activités publiques et se transformer en une sorte de concessionnaire général des services de l'État, malgré l'hostilité de certains dignitaires contre son directeur, cet étranger non catholique. Après le tabac, déjà acquis en 1718, Law obtient la frappe des monnaies puis la ferme générale des droits indirects et enfin celle des impôts directs ! Cette expansion se fait à des conditions financières onéreuses pour la Compagnie qui, outre un fermage élevé doit accorder un prêt énorme de 1,2 milliard de livres affecté au remboursement d'une partie de la rente et de certains offices qui avaient été vendus auparavant dans les périodes de détresse financière. Mais l'opération est en conformité avec le système et de plus elle présente l'avantage de débarrasser la Compagnie de la concurrence de financiers rivaux. Il n'est désormais plus à craindre de voir ces percepteurs d'impôts agiter la menace d'une demande massive de conversion des billets !

Cette croissance se traduit aussi par des augmentations de capital qui vont multiplier celui-ci par quinze pour offrir les moyens de la prise en charge du remboursement des rentes et offices. Plusieurs émissions ont lieu et pour les dernières, à l'automne, les souscripteurs doivent s'acquitter d'une prime de 4 500 livres en plus du nominal de 500. Cependant les nouveaux actionnaires affluent, alléchés par la perspective de profits et de plus-values confortables dans une ambiance très spéculative et tout était fait pour favoriser les souscriptions car on pouvait se libérer en dix voire en vingt mensualités selon les cas et en billets de la Banque royale. Or ces billets étaient détenus par les anciens titulaires de rentes remboursées qui pouvaient ainsi leur trouver un emploi d'autant plus lucratif que les actions étaient disponibles pour la spéculation dès le premier versement !

Ce développement de l'actionnariat, avec 624 000 titres émis au total, se faisait alors qu'il n'existait aucun marché organisé, ni aucune connaissance financière en général. Cette liberté, tout à fait inusitée dans une économie où tous les échanges étaient réglementés, a bien entendu favorisé la spéculation et porté assez rapidement le cours des actions à 10 000, voire 18 000 livres ! On connaît bien l'image de la folle ambiance qui régnait rue Quincampoix où le marché improvisé des actions s'était développé à proximité du siège de la Banque. Cependant la Compagnie soutenait le maintien du cours des actions à un haut niveau avec un Bureau d'achat et de vente qui les rachetait contre des billets quand elles tombaient sous les 10 000 livres et aussi grâce à une politique systématiquement favorable au billet de banque.

En effet, toutes ces souscriptions nécessitaient une quantité énorme de billets et la circulation avait été multipliée par près de vingt au cours de l'année 1719, surtout au second semestre, et l'on avait en décembre 1 milliard de livres en monnaie papier, soit à peu près autant que le budget royal. Pour éviter la dépréciation du papier, Law va alors utiliser deux techniques complémentaires : discréditer les espèces et renforcer le crédit de la Banque royale.

Plusieurs mesures sont dirigées contre la monnaie métallique : des manipulations diminuent fortement le cours des pièces, leur pouvoir libératoire est sévèrement restreint à 600 livres pour l'or et 10 livres seulement pour l'argent et au-delà de ces montants il fallait recourir au billet et enfin, puisque ces décisions risquaient d'encourager la thésaurisation, la détention de plus de 500 livres de métaux précieux était interdite ! Cette dernière mesure avait aussi l'avantage de dispenser la Banque d'un remboursement des billets au-delà de 500 livres par personne, ce qui limitait la convertibilité. Sur ces bases, l'émission pouvait se poursuivre sans inquiétude et fin mai 1720 on en était à 3 milliards en circulation, couverts par 21 millions en espèces et 28 millions en lingots, soit à peine 2 % selon les estimations les plus défavorables tandis que d'autres étaient plus élevées mais sans dépasser 300 millions de couverture.

En contraste avec cette politique autoritaire voire dictatoriale, qui allait jusqu'à la possibilité de visites domiciliaires par les agents de la Compagnie pour saisir des espèces, le renforcement du crédit de la Banque emprunta des voies plus subtiles. On s'appuya sur l'image toujours très alléchante de la Compagnie des Indes et on fusionna la Banque avec elle, le 23 février 1720, mais en même temps on déploya une propagande sur les richesses du Mississippi avec des prospectus décrivant des conditions paradisiaques et des montagnes de pierres précieuses. Le sort des deux institutions était tout à fait lié et la Banque va servir constamment à la Compagnie ne serait-ce que par les prêts consentis sur actions, autre façon de soutenir les cours.

Comme Law avait été nommé contrôleur général des finances le 5 janvier et qu'il détenait ainsi les finances royales, la Banque devenait l'instrument privilégié d'un nouveau pouvoir économique très centralisé, voire du pouvoir politique. Et cette confusion va lui être fatale. D'une part elle rencontrera la méfiance des classes dirigeantes quand Law émettra des idées de réforme de l'État avec la suppression des offices et surtout avec une profonde réforme fiscale. D'autre part, elle subira la crise de confiance provoquée par une politique déflationniste lancée par Law à partir du printemps. Le financier a voulu maîtriser cette expansion spéculative qui avait des effets inflationnistes et qui était trop rapide par rapport au développement réel des activités de la Compagnie qui aurait eu bien du mal à distribuer les dividendes mirifiques attendus. Dès le mois de mars le rachat des actions à 9 000 livres diminue fortement le montant en circulation, mais augmente bien sûr celui des billets. Ensuite, le 21 mai, Law présenta un plan destiné à ramener le cours à 5 000 livres jusqu'en décembre et à diminuer de moitié le cours des billets sous prétexte de maintenir le prix des biens réels qui risquait de baisser face à la valeur élevée de la monnaie papier.

Ces perspectives déclenchèrent la panique dont le signal fut donné par des princes du sang qui demandèrent la conversion de monceaux de billets. Les réserves étant très vite épuisées le remboursement fut suspendu le 17 juillet. Mais le cours forcé du billet et la réaffirmation des mesures autoritaires précédentes ne suffirent pas pour le sauver et il connaîtra un déclin rapide au cours de l'été de conserve avec l'action tombée à 200 livres. Comme le billet n'était plus accepté, sa démonétisation de fait précéda celle de droit prononcée par le régent le 10 octobre. La liquidation fut menée en 1721 et 1722 par une commission sous la direction des frères Pâris, les grands rivaux de Law, et après contrôles et réductions, les billets furent convertis en rente perpétuelle. A la fin des opérations, tout le papier, placé dans une cage de fer, fut brûlé en place publique et après cette élimination des témoins de la sorcellerie financière que l'on avait vécu, la France retrouva son organisation traditionnelle, avec un mauvais système financier et une monnaie métallique insuffisante, mais que l'on se préoccupa tout de même de mettre à l'écart des manipulations, inaugurant ainsi une stabilité qui durera jusqu'en 1928. La folie spéculative avait complètement occulté dans l'opinion les effets bénéfiques de l'accroissement de la monnaie sur l'économie : il n'en resta que des préjugés durables contre la banque et le billet.

Après avoir essayé de se maintenir le plus longtemps possible, John Law a dû s'enfuir le 9 décembre 1720 et se réfugier à Venise où il terminera sa vie dans un certain oubli. Ses cendres y reposent dans la nef de l'église San Moisè, non loin du lieu où avait été fondé en 1587 le *Banco della Piazza di Rialto*, modèle des banques publiques urbaines orientées vers la stabilisation de la monnaie.

Pendant que le système de Law s'effondrait, l'Angleterre subissait elle aussi une gigantesque crise financière connue sous le nom de *South Sea Bubble* car il s'agissait de l'éclatement d'une énorme bulle spéculative qui s'était constituée autour des actions de deux compagnies de commerce colonial, la *South Sea Company* et la *United East Indian Company.* Ces sociétés s'étaient développées depuis 1711 pour absorber les titres de la dette publique que l'on pouvait apporter en souscription au capital. C'était le même principe que celui mis en œuvre par John Law et l'on avait d'ailleurs connu une situation de concurrence qui avait poussé à la surenchère : en 1719, quand les financiers anglais ont pu constater que des capitaux fuyaient vers Paris pour participer à la folie de la rue Quincampoix, ils ont décidé de marquer un grand coup en reprenant la totalité de la dette publique de l'Angleterre convertie en actions de la *South Sea Company.* Cette opération déclencha elle aussi une fièvre spéculative extraordinaire avec des hausses énormes et des ruées sur les émissions. Mais la chute ne fut pas la même qu'à Paris car la Compagnie put compter sur le soutien de la Banque d'Angleterre et sur des décisions énergiques du premier ministre Robert Walpole qui réduisit et divisa le capital (Houtman, van der Wee, *in* Pohl, 1993, 167-169). Cela était bien entendu possible parce que la Banque n'avait pas été intégrée dans un système unique et qu'elle n'était donc pas entraînée par l'éclatement de la bulle. Cette haute stature, au-dessus de la mêlée, lui permettra de renforcer son caractère exemplaire qui servira maintes fois, par exemple encore à la fin du XVIIIe siècle quand d'anciennes colonies accéderont à leur indépendance et que le nouveau souverain se préoccupera aussi d'avoir sa banque.

V. — La Banque des États-Unis

L'histoire bancaire américaine est étroitement liée à la construction de la Fédération et à des débats politiques où la question de la monnaie prendra parfois des allures dramatiques comme lors de l'intense querelle du bimétallisme dans les campagnes électorales de la fin du XIXe siècle[1]. Cependant de 1776 à 1789, pendant la Guerre d'indépendance puis dans la formation du

1. R. H. Timberlake, *The Origins of Central Banking in the United States,* Cambridge, Harvard UP, 1978, XI + 272 p. ; H. Intrator, *Le système bancaire américain,* Paris, « Que sais-je ? », n° 3171, 1996.

nouvel État les choses se présentaient plus simplement. La Constitution de 1787 avait confirmé les Articles de Confédération de 1779 en accordant le pouvoir monétaire au Congrès des États-Unis : celui-ci pouvait battre monnaie et fixer la valeur des espèces nationales et étrangères, au même titre que les poids et mesures, tandis que les États fédérés se voyaient expressément écartés de ces attributions (art. 1er, sect. 8 et 10). Mais cette uniformité monétaire était conçue par rapport à la monnaie métallique et on ne trouve pas de références à la monnaie fiduciaire dans ces textes. Pourtant certains États avaient déjà accordé des privilèges à des banques qui fonctionnaient sur leur territoire suivant l'exemple de la *Bank of Philadelphia* fondée en 1780 et qui avait rendu de grands services dans le financement de la guerre. Cet exemple était aussi très convaincant pour les fédéralistes, partisans du renforcement de l'État fédéral, qui vont se préoccuper d'obtenir leur banque mais avec tant de difficultés que cette institution n'aura qu'une vie éphémère en deux phases, de 1791 à 1811 et de 1816 à 1836 (Rockoff, *in* Palgrave, 1992, 2, 106).

1. **La première Banque des États-Unis.** — Un projet de Banque nationale est présenté dès 1790 par le Secrétaire au Trésor, Hamilton, qui s'inspirait directement de ce que Adam Smith avait dit des avantages de la Banque d'Angleterre : une grande machine d'État, capable d'accroître le capital du pays en mobilisant et en démultipliant les ressources métalliques. Certes, il pouvait y avoir des dangers dans l'excès d'émission, mais ceux-ci sont écartés tant que l'on maintient la convertibilité et tant que l'État n'a qu'une participation limitée au capital et à la direction de la banque, participation que Hamilton voyait de l'ordre du cinquième seulement. La banque devait être privée et fonctionner comme une banque commerciale, mais sa

fonction principale serait tout de même de soutenir le crédit public car les trois quarts du capital pourraient être représentés par des titres de rente et les billets seraient garantis partiellement par la dette flottante sous forme de bons du Trésor. Cette opération, où l'on retrouve également l'influence anglaise, paraissait fort utile car l'État fédéral avait repris à son compte toutes les dettes de guerre et que le capital de la banque pourrait en absorber environ 8 %, ce qui allégerait ce poids.

Cependant ces idées se sont heurtées à une forte résistance au Congrès et surtout à la Chambre des représentants où l'on pouvait voir un clivage entre le nord-est et le sud. Pratiquement tous les élus du sud, de tendance démocrate, étaient contre. L'opposition était menée par James Madison dans un long débat où les arguments économiques étaient assez absents face aux éléments politiques et constitutionnels. Si l'on avait quelques doutes quant à l'accroissement du capital national procuré par la banque, on s'inquiétait surtout de deux choses : le rapport entre la Fédération et les États car la première allait faire concurrence à ceux qui avaient déjà établi leur banque ; le pouvoir du Congrès qui ne paraissait pas être compétent pour s'occuper d'autre chose que des espèces. Sur ce dernier point, la discussion fut complexe et pleine de subtilités, montrant la pénétration dans les esprits des fonctions des banques. Ainsi pour certains comme le Congrès a le pouvoir d'emprunter, il aurait aussi celui de créer des établissements prêteurs et comme il a le pouvoir de taxer, il peut créer les moyens de régler ces taxes. Pour d'autres il faut surtout considérer que le Congrès a le pouvoir d'organiser le commerce entre États et ceci conduit nécessairement à s'occuper des banques et de la monnaie fiduciaire. Cependant, de cette approche plus intéressante sur le plan du raisonnement économique découle une autre question fort complexe : l'émission doit-elle dépendre des besoins de crédit du commerce et reposer sur l'escompte ou bien s'agit-il seulement d'une contrepartie de dépôts d'espèces et donc une simple commodité pour les échanges ?

La première conception l'emportera pour l'émission, mais en concurrence avec les banques locales *(state-chartered banks)*. Il n'est pas question pour le gouvernement d'établir un monopole au profit de cette banque nationale qui, outre son activité commerciale, aura surtout le rôle de caissier du Trésor. Avec cette approche rassurante le projet put être adopté par deux tiers des voix et le privilège fut accordé pour vingt ans à compter de 1791 à cette nouvelle *national-chartered bank* établie à Philadelphie.

L'activité de la première Banque des États-Unis est assez mal connue car la plupart des archives ont disparu dans des incendies, mais il semble qu'elle fut assez prudente dans l'ensemble tant du point de vue de l'émission, bien couverte par des espèces, que de l'activité commerciale, pourtant soumise à une concurrence croissante avec le développement du système bancaire (3 banques en 1791, 88 en 1811). Dans cette concurrence la Banque est nettement avantagée en raison de son activité nationale avec des succursales, ce qui est unique, mais surtout grâce à ses fonctions de caissier du Trésor. Celles-ci favorisent l'acceptation de ses billets dans le commerce car on pourra toujours les utiliser pour des payements publics et de plus elles lui permettent d'exercer son contrôle de fait sur l'activité des banques locales. En effet elle voit passer une grande part de la circulation monétaire et détient des billets qu'elle peut toujours présenter à la conversion si elle estime que leur émetteur est un peu trop généreux dans l'octroi de crédits. Cette conversion peut diminuer fortement l'encaisse d'une banque locale et l'obliger à restreindre son activité (Timberlake, *in* Palgrave, 1992, 1, 328).

Cette situation va peser dans le débat qui s'ouvre en 1810 à propos du renouvellement du privilège. Les directeurs de la Banque plaident en faveur d'un changement de statut vers une reconnaissance juridique de ce rôle éminent dans le système bancaire. Le gouvernement est relativement favorable à ce qui serait l'établissement formel d'une banque centrale car la Banque a été un agent très correct et très efficace du Trésor. Mais c'est précisément ce qui va déclencher l'opposition au Sénat où les représentants des États aimeraient bien que leurs banques profitent aussi de cette clientèle du Trésor fédéral et le débat constitutionnel va reprendre. Madison qui avait mené l'opposition en 1790 est maintenant président des États-Unis. Sa position est un peu différente de ce fait, mais cela ne suffira pas à désarmer les critiques car de nombreux arguments s'ajoutent aux éléments politiques. Ainsi on peut faire valoir que la Banque n'a rien fait pour écarter une faillite dans la première crise bancaire en 1809 et surtout on doit constater que la dette publique a été fortement réduite depuis vingt ans et que la mission initiale de la Banque avait par conséquent disparu. De plus des tensions avec la Grande-Bretagne entraînaient un préjugé défavorable envers l'actionnariat anglais de la Banque. Pour toutes ces raisons sa charte ne fut pas renouvelée, à une voix près, et elle dut cesser ses activités en 1811 mais pour peu de temps car elle fut reconstituée cinq ans plus tard.

2. **La seconde Banque des États-Unis.** — Le Trésor fédéral s'est retrouvé seul, sans sa banque, au plus mauvais moment car à partir de 1812 et jusqu'en 1814 il a dû s'occuper du financement de la Seconde guerre d'indépendance contre l'Angleterre à propos du droit des neutres dans le conflit européen. Ces problèmes de financement, d'autant plus graves que l'État fédéral ne disposait que de la ressource fiscale des droits de douanes évidemment peu élevés dans ce contexte, ont été résolus par différents

moyens. On fit largement appel aux banques des États qui avaient d'ailleurs poussé comme des champignons (de 88 en 1811, on passera à 250 en 1816). On eut aussi recours à l'émission de bons du Trésor car les emprunts se plaçaient mal : les *Treasury notes* étaient des bons à un an, portant intérêt mais pouvant être utilisés pour les payements publics et de ce fait, comme les assignats de la Révolution française, ils vont circuler comme monnaie.

En trois ans la masse de papier en circulation va presque quadrupler tandis que les espèces disparaissent avec la thésaurisation. Les réserves de beaucoup de banques avaient d'ailleurs déjà baissé par suite de retraits anglais et la convertibilité des billets s'est retrouvée suspendue par la plupart des États. Il en résulte une certaine anarchie dans la monnaie fiduciaire, avec des billets échangés en dessous du pair, et surtout une forte inflation car la courbe des prix suit fidèlement celle de l'émission. Pour se sortir de cette mauvaise situation après la guerre, le secrétaire au Trésor Dallas reprend l'idée d'une Banque des États-Unis qui pourrait absorber les bons du Trésor dans son capital et réduire leur circulation. Par ailleurs, la Banque aura également à surveiller les banques des États pour les faire revenir à la convertibilité : « Elle devra être le berger dans son champ, gardant le troupeau discipliné et bien nourri. » Pour cela, elle tirera son autorité du Congrès tout en étant indépendante.

Les débats parlementaires montreront la persistance d'opinions opposées, entre les démocrates qui ne veulent pas de ce renforcement de la Fédération et les fédéralistes, *whigs*, favorables au contraire à une véritable banque d'État. Le président Madison est d'abord hostile au projet mais face à l'ampleur de la crise il s'y ralliera en ratifiant la loi du 10 avril 1816 qui accorde un privilège de vingt ans à cette seconde Banque des États-Unis.

Ses activités commencent en 1817 sous une tutelle assez étroite du Trésor en raison du caractère un peu effacé de son président mais aussi à cause de l'objectif principal de la politique monétaire orientée vers le retrait rapide des *Treasury notes*. Cette déflation fut un peu trop brutale car conjuguée à la chute des prix agricoles elle contribua à une sérieuse crise bancaire en 1819. La responsabilité en fut attribuée à la Banque mais elle réussit à surmonter ces critiques et développa ses activités dans les années 1820 sous l'impulsion d'un président énergique, Nicholas Biddle. Elle parvient à concentrer la moitié des dépôts en espèces et son rôle de caissier du gouvernement lui procure toujours l'avantage de détenir des billets de toutes les banques locales et de pouvoir ainsi surveiller leur activité à travers les demandes de conversion. De plus ses contacts avec l'étranger lui permettent également de réguler la circulation en fonction du commerce extérieur grâce à des crédits sur Londres.

Ainsi en décembre 1828 le secrétaire au Trésor Rush peut dresser un bilan tout à fait louangeur de l'activité de la Banque. Mais il le fait par précaution car certains États avaient engagé un mouvement en faveur d'une liberté de l'activité bancaire, le *free banking,* et de plus en novembre Andrew Jackson avait été élu président des États-Unis et ce démocrate, agrarien et sudiste ne pouvait être que menaçant pour l'avenir de la Banque réputée favorable à l'État fédéral et aux intérêts des industriels de l'Est.

Et effectivement dès son discours inaugural de 1829 Jackson posera la question du renouvellement de la charte de la Banque dont, selon lui, la constitutionnalité et l'utilité sont contestées par une grande partie des citoyens. Cette charge, renouvelée en 1832 par un président qui accuse la Banque d'avoir outrepassé ses attributions sur le plan local, provoquera des discussions au Congrès et inaugure ainsi un long débat de cinq ans particulièrement houleux et qui se trouvera qualifié dans l'histoire de *« Bank war »*.

Ces débats se focalisent sur des aspects constitutionnels et cela vaut sans doute mieux car beaucoup de représentants n'ont que des connaissances financières assez vagues. C'est ainsi que de longues discussions sont consacrées à la notion de banque centrale dans un sens purement géographique et que d'autres s'en prennent au profit que la Banque réaliserait sur des opérations publiques. Cependant les aspects juridiques et politiques se rejoignent quand on examine le fait de savoir si le Congrès a le pouvoir de créer cette banque nationale. Pour ses partisans ce serait tout à fait le cas car le Congrès peut battre monnaie, or celle-ci ne consiste pas seulement en des pièces. Et l'on cite Stuart Mill pour montrer que la monnaie est une mesure de la valeur et que le Congrès qui peut fixer les poids et mesures est donc compétent pour tous leurs aspects.

Finalement en juillet 1832 le renouvellement du privilège est voté à une large majorité. Mais Jackson va mettre son veto à cette loi avec trois arguments : les pouvoirs de la Banque des États-Unis ne sont pas clairement délimités par rapport aux autres banques et c'est la porte ouverte à un contrôle de fait ; la dette publique a été très réduite et l'État n'a plus à participer à une entreprise qui doit être purement privée ; le Congrès a certes le pouvoir monétaire mais il ne peut le déléguer à un établissement financier.

Ces arguments fort sérieux sont ensuite largement débattus dans la campagne électorale et la réélection de Jackson sera interprétée comme une approbation de sa position anti-banque. Mais d'autres éléments pouvaient avoir joué, outre le charme personnel du candidat. Il faut songer notamment au succès de la politique de démocratisation des institutions que menait Jackson, non sans un certain populisme. Or une banque centrale pouvait passer comme l'instrument des grands financiers et des gros créanciers hostiles aux faibles débiteurs.

Mais tout n'était pas joué car au Congrès la majorité pro-banque restait inchangée. Le *Bank war* pouvait donc continuer mais en utilisant d'autres moyens. En 1833 et 1834, Jackson s'emploiera à affaiblir la Banque des États-Unis en retirant les dépôts gouvernementaux, ce qui provoquera de multiples conflits avec les secrétaires du Trésor successifs et le Congrès. Il y réussira partiellement en avantageant certaines banques qui deviendront des *« pet banks »,* les banques chéries du président, mais devront alors subir un contrôle de leur ratio de couverture par le Trésor fédéral, ce qui est un résultat paradoxal d'une politique hostile à une banque centrale. Par ailleurs des mesures favorables à l'utilisation des espèces seront prises, comme la dévaluation du dollar qui, selon un nominalisme assez simpliste, permettrait de se passer de billets en accroissant les ressources en numéraire, ou bien l'exigence du payement en espèces pour les terres vendues par le gouvernement.

Cette circulaire sur les espèces de 1836 marque la fin de la présidence de Jackson qui avait réussi à maintenir son veto au renouvellement du privilège grâce à cette tactique qui compliquait les débats et obscurcissait le véritable enjeu. Il est remplacé par Van Buren qui partage en gros son point de vue et ne fera rien en faveur du vote d'une nouvelle charte de la seconde Banque des États-Unis qui s'était transformée en *United States Bank of Pennsylvania* dès février 1836. Malgré une crise provenant de la déflation et une panique bancaire sensibles dès la première année de la nouvelle administration en 1837, il ne sera pas question d'y revenir.

Cette banque centrale pouvait passer pour inutile, une fois les gros besoins de financement publics écartés, car l'économie américaine n'était encore que peu développée, avec un cloisonnement géographique des marchés qui s'ajoutait aux complications politiques du fédéralisme. La croissance avait certes commencé et poussé à la création de banques (qui sont maintenant près de 600) mais sans que cela agisse immédiatement sur les mentalités politiques. On était entré dans le XIXe siècle avec un cadre conceptuel qui continuait la période initiale de l'histoire des banques centrales. Mais à ce moment, en Europe, la recherche de monnaie indispensable à l'industrialisation place les instituts d'émission au premier plan des préoccupations.

Chapitre II

LES INSTITUTS D'ÉMISSION A LA SOURCE DE LA MONNAIE (XIXe SIÈCLE)

Le début du siècle, marqué par les grandes guerres européennes, voit encore dominer les besoins classiques de financement public qui ont été à l'origine des banques des souverains et sur ce modèle apparaîtront d'ailleurs des banques nationales en Autriche (1811) ou au Danemark (1818) pour résorber la masse de papier public qui avait conduit à de véritables faillites d'État (Born, *in* Pohl, 1993, 184). Cependant d'autres demandes privées et publiques vont très rapidement prendre le relais. Elles proviennent de l'industrialisation avec les grands investissements, le développement des échanges et la division du travail qui augmente considérablement le capital circulant des entreprises tandis que les travaux publics d'infrastructure, la construction de routes, de canaux et d'une partie des chemins de fer renouvellent les besoins de l'État[1].

En conséquence, les économies nationales se monétarisent dans le cadre de marchés unifiés et même dans les campagnes on quitte les habitudes de troc ou de règlements par tailles. La circulation monétaire augmente et la ressource des découvertes d'or et d'argent du milieu

1. L. Meignen, *Histoire de la révolution industrielle et du développement (1776-1914)*, Paris, PUF, « Économie », 1996, 286 p.

du siècle sera la bienvenue pour alimenter cette demande de numéraire[1]. Mais les espèces ne suffiront pas, ne serait-ce que pour des raisons de commodité malgré la disponibilité de grosses pièces d'or. Le XIXe siècle verra le développement du billet de banque qui après avoir largement circulé de manière purement volontaire obtiendra le cours légal permettant de s'en servir pour se libérer d'une dette quelle que soit la volonté du créancier. Ensuite nous verrons également, malgré les difficultés de mesure, le développement de la monnaie scripturale des comptes en banque, à des rythmes variables selon les pays mais inexorablement (Saint-Marc, 1983, 7-43). Ainsi, en Grande-Bretagne nous avons en 1850 pour une masse monétaire de 255 millions de livres : 24 % d'espèces, 13 % de billets et 63 % de dépôts bancaires. En 1900, pour 1 003 millions, la part des pièces est descendue à 12 %, celles de billets à 4 % seulement tandis que les dépôts représentent 84 %. Pour la France, en 1850, les 4,6 milliards de francs de monnaie comprennent encore 77 % d'espèces et 13 % de billets, avec seulement 10 % de dépôts bancaires. En 1900, pour 15,4 milliards, ces chiffres seront respectivement de 33 %, 23 % et 44 % (North, 1994, 168).

Quoi qu'il en soit, la part de la monnaie dans sa forme régalienne traditionnelle – les pièces avec l'effigie du souverain – diminue, ce qui pose le problème du contrôle de cette nouvelle monnaie de papier et spécialement de celui des billets qui se substituent aux pièces, les dépôts bancaires quant à eux se mobilisant en pièces et surtout en billets quand ils ne sont pas utilisés par le biais de chèques ou de virements. Ce n'est que très rarement que l'État va assurer directement l'émission de ces billets, ceci en raison d'expériences fort

1. La production d'or est multipliée par dix et celle d'argent par quatre, avant les nouvelles découvertes d'Afrique du Sud de la fin du siècle (North, 1994, 146).

malheureuses de la période précédente, qui seront d'ailleurs confirmées par de nouvelles dérives (Lévy, 1912). Mais même sous le régime ancien de la monnaie métallique, la frappe était le plus souvent concédée à des entrepreneurs privés, qui agissaient bien entendu dans le cadre de règles strictes. C'est ainsi que l'émission des billets sera elle aussi, comme pour les premières banques du XVIIe siècle, soumise le plus généralement à un régime de privilège concédé par la loi pour une durée limitée à des banques constituées sous forme de sociétés de capitaux et se livrant par ailleurs à des activités commerciales ordinaires.

Ces chartes de privilège ou, à défaut, les normes sur les réserves et la convertibilité doivent garantir la confiance indispensable à la valeur et elles règlent également, chose importante, le partage des profits que l'on peut tirer de l'émission car avec le seigneuriage la monnaie était aussi un revenu que le souverain n'envisage pas aisément de perdre ! La doctrine économique, en pleine formation, va d'ailleurs se préoccuper de cette question des normes d'émission et fixer certains principes de base au cours d'un long débat marqué par de vives controverses.

Ce régime aboutit à une multiplication des banques d'émission et dans certains cas nous avons des centaines de billets différents dans un même pays. C'est là une chose qui peut nous paraître étrange, à notre époque où les exemples de pluralité d'émetteurs, d'ailleurs restreints à deux ou trois pour un même pays, sont très rares et ne concernent généralement que des montants limités comme en Écosse ou au Luxembourg[1]. Mais il suffit de comparer ces billets à nos chèques actuels, avec leurs multiples formules,

1. Banque internationale à Luxembourg, *La BIL et sa monnaie dans l'économie luxembourgeoise depuis 1856. 140 ans de droit d'émission*, Luxembourg, 1997, 60 p.

pour comprendre que ceci était praticable, en tout cas tant que le billet n'était qu'un instrument de commodité. Avec le cours légal, il en va bien différemment car les exigences de garantie sont alors beaucoup plus strictes et le XIXe siècle connaîtra une tendance générale à l'unification de l'émission au profit d'un institut qui dominera ainsi les autres banques et disposera des moyens de contrôler ou de garantir en dernier ressort leur activité par la fourniture de billets. Ce processus d'unification suivra des voies différentes, plus ou moins systématiques ou rapides, selon les circonstances et les structures politiques des pays concernés. Curieusement dans les vieux États unitaires, comme la France ou la Grande-Bretagne, que nous pouvons considérer comme telle malgré le maintien de particularismes régionaux, l'unité du billet n'intervient que progressivement et elle est favorisée par certaines crises. Dans les États qui réalisent leur unité politique, comme l'Allemagne ou l'Italie, l'établissement d'une banque centrale paraît un objectif plus important, un vrai symbole de l'unification générale. Enfin, dans les États fédéraux, le partage des attributions entre l'échelon fédéral et le niveau local complique et retarde les solutions qui seront relativement tardives et qu'on ne rencontrera qu'à l'extrême fin de ce XIXe siècle qui ne s'achèvera historiquement qu'avec la première guerre mondiale.

I. — Les doctrines relatives à l'émission

Avec une place de plus en plus importante du billet de banque, un certain nombre d'interrogations déjà anciennes prennent une ampleur nouvelle et occupent les débats parlementaires ou les travaux des économistes et la période est un moment important de l'histoire de la pensée économique sur la monnaie et sur la formation des prix. C'est surtout le cas en Grande-Bretagne car le pays avait connu une longue période de suspension de la convertibilité du billet, de 1797 à 1821, et l'on s'y inquiétait des effets de ce cours forcé. Même si ces débats se sont propagés ensuite sur le continent, les principes qui ont été dégagés vont être connus sous leurs noms anglais[1].

C'est ainsi qu'une première controverse oppose une *Currency School* et une *Banking School.* Les membres de la première école s'appuient sur les travaux de Ricardo pour considérer le billet comme une monnaie ce qui impose, selon les principes « bullionistes », qu'il soit non seulement convertible mais qu'il corresponde exactement à un dépôt d'espèces afin d'éviter l'excès de monnaie. Pour les partisans de la seconde école, comme John Stuart Mill ou Thomas Tooke, le billet est un instrument de crédit et l'émission doit répondre aux besoins du public qui apporte des effets en couverture. Grâce aux effets de commerce le billet de banque a une équivalence réelle, selon la théorie des *real bills* qui remonte à John Law et Adam Smith, car ces traites correspondent à des opérations de production et d'échange en cours qui déboucheront sur des richesses assurant la contrepartie de la valeur du billet et des intérêts. En cas de crise, il ne faut pas restreindre autoritairement l'émission car la situation exige justement un apport aux trésoreries qui se sont contractées, mais on peut bien entendu élever le taux de l'escompte ce qui décale les demandes de billets pas trop urgentes et attire des fonds étrangers. Cependant, malgré cette base commerciale, les billets doivent demeurer librement convertibles en espèces, ce qui exige une couverture mais celle-ci n'a pas besoin d'être intégrale. La convertibilité assure une régulation et évite les excès d'émission : si les billets paraissent trop nombreux, il y aura des demandes de conversion qui diminueront la circulation.

Les deux courants doctrinaux sont cependant d'accord sur l'intérêt d'une banque centrale disposant du monopole de l'émission pour assurer la stabilité du système. Contre cette opinion commune, un troisième courant, la *Free Banking School,* défend le principe de liberté bancaire en s'appuyant en particulier sur l'exemple de l'Écosse où les privilèges en matière d'émission n'existent plus depuis 1719. Ces auteurs préconisent un système autorégulateur avec quelques normes minimales, dont la libre convertibilité et une organisation spontanée reposant sur la

1. J. de Boyer des Roches, Les débats monétaires et le développement de la théorie monétaire en Grande-Bretagne dans la première moitié du XIXe siècle, *Nouvelle histoire de la pensée économique,* Paris, La Découverte, 1992, t. 1, p. 554-577 ; D. Ricardo, *Écrits monétaires 1809-1811* (édités par B. Courbis et J.-M. Servet), Lyon, 1991, 252 p. Cf. aussi Goodhart, 1988, 13-46 et les nombreuses notices historiques consacrées par le dictionnaire Palgrave à ces principes et notamment celle rédigée par A. J. Schwartz, 1, 148-151.

création de chambres de compensation entre banques pour favoriser la circulation[1].

L'école libre-banquiste conteste l'intérêt d'une banque privilégiée qui aurait une mission particulière de discipline du crédit. Cependant l'utilité d'une banque centrale est apparue dans plusieurs crises où la Banque d'Angleterre a soutenu des établissements menacés en agissant en qualité de prêteur en dernier ressort. Si ce principe du *lender of last resort* a déjà été évoqué par Francis Baring dès 1797 et Henry Thornton en 1802, sa popularisation proviendra du célèbre ouvrage de Walter Bagehot sur *Lombard Street*, publié en 1873. Il y soutient que le devoir de la Banque d'Angleterre est de conserver de la monnaie disponible pour approvisionner à n'importe quel moment les banquiers qui n'auraient plus d'actifs liquides. Bien sûr le taux de ces crédits peut être très élevé, mais la banque centrale doit toujours prêter. Toutefois, si cette garantie du système de payement est globalement intéressante, elle peut conduire les banquiers à prendre des risques inconsidérés et pour l'éviter il faut nécessairement développer des règles prudentielles assez précises et assurer un contrôle des banques. Ce principe va par conséquent conduire à une évolution du statut de cette banque centrale qui ne pourra plus agir comme une banque commerciale ordinaire. D'une part la logique de cette activité n'est pas aisément compatible avec la mission d'intérêt général de banque de réserve et d'autre part il y aurait quelque illégitimité à exercer une sorte de tutelle sur des concurrents.

L'évolution des structures bancaires au XIXe siècle va consacrer assez généralement le *banking principle*, à l'exception notable de l'Angleterre qui adoptera les théories de la *Currency School.* Cependant l'instauration du monopole et l'édiction de règles d'émission ne se feront que progressivement, avec beaucoup de nuances selon les pays, ce qui laisse souvent une place encore importante au *free banking*, même dans les États qui connaissent des principes politiques unitaires.

II. — L'émission dans les États unitaires

Les deux grands pays européens du début du siècle avaient une longue expérience de l'émission. Elle était plutôt positive en Angleterre, ce qui va conduire à un

1. On constate actuellement un regain d'intérêt pour ce courant, lié au retour des idées libérales et les effets bénéfiques du *free banking* sur l'industrialisation sont soulignés. Cf. G. Selgin, *La théorie de la banque libre,* Paris, Belles Lettres, « Laissez faire », 1991, XXII + 415 p.

renforcement de la Banque d'Angleterre déjà plus que centenaire, et très négative en France qui avec la Révolution et ses assignats avait achevé le cycle de toutes les erreurs possibles en matière d'émission (Pose, 1942, 112) et devait donc établir un nouvel institut, la Banque de France qui saura affirmer très vite sa primauté.

1. **La confirmation de l'éminence de la Banque d'Angleterre.** — La longue période de cours forcé inaugurée par le *Restriction Act* de 1797 avait favorisé la multiplication des banques d'émission provinciales qui étaient près de 800. Mais à cause des dispositions de 1707, qui limitaient strictement le nombre d'associés à six, ces banques étaient bien fragiles : la crise de 1816-1817 connut près de 90 faillites et après le retour à la convertibilité 70 autres furent touchées dans la crise commerciale de 1825-1826 où la Banque d'Angleterre se distingua heureusement par sa solidité en assurant le prêt en dernier ressort, même si c'était de mauvaise grâce (Kindleberger, 1994, 213).

Pour écarter cette fragilité une loi du 26 mai 1826 autorisa la constitution de *joint-stocks banks* mais protégea le monopole de la Banque d'Angleterre sur cette forme sociétaire dans un rayon de 65 miles autour de l'église Saint-Paul. Cette restriction fut abrogée en 1833 mais cette même année, avec le renouvellement de son privilège, la Banque obtint la reconnaissance du cours légal de ses billets tant qu'elle maintiendrait leur convertibilité. Ceci fut assez difficile quelques années plus tard, à l'occasion de la crise de 1838-1839 où la Banque ne réussit à maintenir ses payements en espèces que grâce à un emprunt auprès de banques de Hambourg et de Paris, avec l'appui de la Banque de France. La crise et ses prolongements entraînèrent à nouveau des dizaines de défaillances bancaires ce qui renforça la position des doctrines restrictives de la *Currency School*[1].

Une réorganisation complète fut instaurée par une loi de 1844 connue sous le nom du premier ministre *(Peel's Act)*. Cette loi distingue deux départements au sein de la Banque d'Angleterre pour séparer strictement l'émission des autres activités bancaires. L'émission se fera pratiquement suivant le *currency principle* puisqu'elle se trouve limitée au montant de l'encaisse d'or et d'argent, avec un cinquième d'argent au maximum, complété par une somme fixe de 14 millions de livres garantie par des titres d'État. Le département bancaire pratiquera de son côté l'escompte en fonction des billets mis à sa disposition par le département d'émission et régulera la demande avec le taux d'escompte. La publication obligatoire d'une situation hebdomadaire permettra de vérifier le tout. Pour les autres banques d'émission, la loi établit des règles qui allaient consacrer à terme le monopole de la Banque d'Angleterre. Désormais aucune banque d'émission nouvelle ne pourra être autorisée et les banques existantes voient leur émission plafonnée au montant moyen des douze semaines précédentes ; de plus elles perdront ce droit si elles procèdent à certaines modifications de leurs structures sociales ainsi qu'en cas d'interruption. De ce fait les banques concurrentes de la Banque d'Angleterre disparaîtront progressivement et assez lentement jusqu'en 1921, et à chaque fois le contingent fixe de la banque centrale se trouvait augmenté des deux tiers de la circulation supprimée (Born, *in* Pohl, 1995, 189).

L'ensemble représente un cadre tout à fait draconien qui aura pour premier effet de favoriser le développement de la monnaie scripturale pour compenser cette

1. J. Clapham, *The Bank of England*, Cambridge, 1944, vol. II, p. 155-189

forte restriction de l'émission de billets. L'autre effet concerne les possibilités d'intervention de la Banque d'Angleterre en cas de crise. Comme celles-ci sont fortement limitées par le *currency principle*, il faut recourir à des astuces pour régler la situation et émettre malgré tout. Le moyen le plus extrême du point de vue de la régularité fut utilisé lors des grandes crises de 1847, 1857 et 1866 quand le gouvernement accorda des *letters of indemnity* par lesquelles il s'engageait à dédommager la Banque des sanctions qu'elle pourrait subir en cas de dépassement des plafonds ! Dans un autre cas comme celui de la banque Baring en 1890, la solution consista à organiser une garantie de passif avec un fonds constitué par les grandes banques de la place (Kindleberger, 1994, 195). Dans d'autres cas enfin, les emprunts à l'étranger permettaient d'accroître l'encaisse et la Banque d'Angleterre dut plus d'une fois compter sur la Banque de France. De cette façon la rigidité du *currency principle* put rester intacte jusqu'en 1914 grâce à la participation d'établissements fonctionnant selon le *banking principle* !

2. **L'affirmation de la puissance de la Banque de France.** — En 1800, la France va se doter d'un nouvel établissement dont la mission sera très précisément orientée vers l'émission de la monnaie fiduciaire. Cette question est aussi importante que douloureuse car le pays vient de vivre l'expérience des assignats qui s'est soldée par une véritable banqueroute[1]. Alors que le mauvais souvenir du système de Law était encore très présent, cette nouvelle catastrophe condamne le papier-monnaie. Pourtant il paraissait indispensable et le

1. Il s'agissait de l'émission directe pour les besoins du Trésor de papier-monnaie gagé sur les biens nationaux, anciennes propriétés de l'Église et de la noblesse qui devaient être vendues. Des émissions excessives provoquèrent une dépréciation considérable. Cf. F. Aftalion, *L'économie de la Révolution française,* Paris, Hachette, « Pluriel », 1987, 394 p.

Conseil des Cinq-Cents demandera au Directoire des mesures dans ce sens. Mais sous ce régime troublé la seule réalisation sera la création en juin 1796 par quelques banquiers parisiens de la Caisse des comptes courants[1]. Cet établissement d'escompte très modeste saura cependant profiter du changement de régime par le coup d'État du 18 brumaire an VIII (9 novembre 1799) pour prendre une expansion inattendue en représentant la base de la Banque de France. Cette apparition presque impromptue va laisser en suspens quelques questions importantes qui ne seront réglées que progressivement : les rapports avec le gouvernement et le monopole d'émission[2].

A) *Une indépendance contrôlée.* — Dans le cadre de la réorganisation générale entreprise par le Consulat, les finances tiennent une place importante. Elles sont confiées à Gaudin, un homme d'expérience qui avait commencé sa carrière sous l'Ancien Régime et qui la poursuivra pendant plus de trente ans encore, notamment à la tête de la Banque de France. En matière monétaire, le nouveau régime va mettre en œuvre la nouvelle unité, le franc, déjà adoptée par la Convention et exaucera également certains vœux formulés sous le Directoire. C'est ainsi que Gaudin va soutenir un projet présenté par les dirigeants de la Caisse des comptes courants et un décret du 28 nivôse an VIII (18 janvier 1800) autorisera la création de la Banque de France.

1. G. Jacoud, *Le billet de banque en France (1796-1803) : de la diversité au monopole,* Paris, L'Harmattan, 1996, 320 p.

2. M. Redon, D. Besnard, *La Banque de France,* Paris, PUF, 1996, 3e éd., « Que sais-je ? », n° 2462 ; B. Gille, *La banque et le crédit en France de 1815 à 1848,* Paris, PUF, 1959, 380 p. ; *La banque en France au XIXe siècle,* Genève, Droz, 1970, 286 p. ; A. Prate, *La France et sa monnaie : essai sur les relations entre la Banque de France et les gouvernements,* Paris, Julliard, 1987, 298 p. ; A. Plessis, De la Caisse d'escompte à la Banque de France, *État, finances et économie pendant la Révolution française* (Colloque de Bercy, 1989), Paris, Comité pour l'histoire économique et financière de la France, 1991, p. 253-260.

Il s'agissait d'une société par actions au capital de 30 millions de francs en espèces qui absorbe la Caisse des comptes courants et s'installe d'ailleurs dans un premier temps à son siège, l'hôtel de Massiac, place des Victoires, où la Compagnie des Indes était logée autrefois ! Napoléon Bonaparte et les membres de son entourage donnent l'exemple en souscrivant plusieurs actions de 1 000 F, mais ce fait inquiète plutôt et l'on va tout faire pour démontrer qu'il s'agit bien d'un établissement privé, distinct du pouvoir. Les structures sont conçues pour garantir une forte indépendance contre toute domination : ainsi, dans l'assemblée générale composée des 200 actionnaires les plus importants, 5 actions confèrent une voix, mais personne ne peut avoir plus de 4 voix, ce qui serait le cas de Bonaparte avec ses 30 actions. Quant aux 15 régents et aux 3 censeurs (le Conseil général), ils sont choisis par l'assemblée et renouvelés par cinquième chaque année. Ce seront surtout des banquiers et des négociants parisiens.

Les missions fixées par les statuts sont elles aussi orientées vers le négoce : escompte, recouvrement d'effets, gestion de comptes courants et comptes d'épargne, émission de billets. Rien ne concerne particulièrement le crédit public ou le Trésor et une note publiée au *Moniteur* précise que la Banque n'aura comme clients que des particuliers solvables et contraignables. Son président, le banquier suisse Perrégaux insistera encore sur ce point lors de la première assemblée le 17 octobre 1800 : la Banque n'est pas liée au gouvernement et n'entrera en affaires avec lui que si elle y trouve un intérêt et des garanties.

De fait, dans un premier temps la Banque va seulement effectuer quelques services de caisse pour l'État et n'accepter qu'avec réticence et pour un montant limité les obligations souscrites par les receveurs généraux qui avançaient par ce biais au Trésor les impôts qu'ils allaient encaisser. Ce papier ne correspondait pas aux règles très prudentes que la Banque s'était fixées : ne prendre à l'escompte que les effets à trois signatures notoirement solvables et à trois mois au plus. Ainsi elle ne réescomptait pratiquement que les effets pris par les banquiers qui siégeaient dans son Conseil ! Ces pratiques restrictives mécontentent fortement les autorités et dès 1802 Bonaparte envisage d'exercer un contrôle sur la Banque mais il en sera vivement dissuadé par un des financiers qu'il avait consultés. Dans un mémoire très argumenté Cretet exposera que toute atteinte à l'indépendance de l'administration de la Banque serait très dangereuse pour son image et pour la confiance. La loi du 24 germinal an XI (14 avril 1803) va donc se contenter de retouches mineures à l'organisation de la Banque, en limitant notamment la place des banquiers au Conseil à 8, les autres sièges devant revenir aux commerçants et industriels. Elle prévoira aussi qu'une part des réserves sera employée en rente d'État.

De fait, à partir de 1803 l'escompte sera un peu élargi et la Banque accordera même des avances au Trésor directement ou surtout indirectement par le biais de la Compagnie des négociants réunis. Un des ses régents, Desprez, était un des principaux associés de cette compagnie à côté du financier Ouvrard et ils assuraient des fournitures militaires. Les engagements deviennent très importants, sous la pression du ministre du Trésor Barbé-Marbois, et à l'automne 1805, après la défaite de Trafalgar, la Banque est confrontée à des demandes massives de conversion qu'elle ne peut honorer avec ses réserves insuffisantes de numéraire et elle doit user de manœuvres pour retarder les sorties d'espèces. Elle fut sauvée *in extremis* par la victoire d'Austerlitz qui fit revenir la confiance mais l'incident fut le prétexte d'un changement décisif dans la structure de la direction.

Napoléon a été fort mécontent de cette atteinte au crédit de la monnaie et entend exercer son contrôle au nom du droit régalien : « La Banque, dira-t-il devant le Conseil d'État, n'appartient pas seulement aux actionnaires, elle appartient aussi à l'État puisqu'il lui donne privilège de battre monnaie. » La réforme se fit sous l'inspiration du nouveau ministre du Trésor, Mollien, qui avait déjà fait connaître son avis dans les trois mémoires qu'il avait rédigé sur la Banque dès 1803. Mollien y invoquait le modèle de la Banque d'Angleterre qui avait un chef unique sous le nom de gouverneur.

Ce principe monarchique était tout à fait adapté au contexte politique et la loi du 22 avril 1806 va faire en sorte que selon le vœu de l'Empereur, la Banque « soit assez dans les mains du gouvernement et n'y soit pas trop ». Désormais, trois des régents doivent être choisis parmi des fonctionnaires, les receveurs généraux des finances, et surtout la direction de la Banque est retirée au Comité central, émanation des censeurs et des régents, pour être confiée à un gouverneur et deux sous-gouverneurs nommés discrétionnairement par le gouvernement. Cependant ils devaient posséder respectivement 100 et 50 actions ce qui garantissait une certaine solidarité avec les actionnaires. De fait on ne connaîtra pas de conflit entre le Conseil général de la Banque et son gouverneur pendant tout le siècle. Il est vrai que le premier titulaire du poste fut Cretet dont on connaît le souci d'indépendance pour la Banque !

Toutefois à la chute de l'Empire, les régents qui avaient nommé un des leurs, Laffitte, pour exercer les fonctions de gouverneur après la démission du titulaire, Jaubert, entendaient bien profiter du changement de régime pour retrouver leur indépendance[1]. Plusieurs projets furent préparés donnant le choix des gouverneurs aux actionnaires et précisant que le gouverne-

1. J.-M. Thiveaud, 1814 : la Banque de France au défi de son indépendance. La question cruciale de la confiance, *Revue d'économie financière*, n° 22, 1992, p. 233-248.

ment ne pourrait rien exiger de la Banque, ni prêt, ni escompte. Mais la Restauration n'était pas systématiquement hostile à tout ce qu'on voulait lui présenter comme des exemples de la tyrannie de Napoléon et en 1820 Louis XVIII mit fin à l'expectative en nommant un nouveau gouverneur qui connaissait bien la Banque puisqu'il s'agissait de l'ancien ministre des Finances Gaudin, devenu duc de Gaëte. Les actionnaires sont consolés par une distribution de réserves comme ils l'avaient été lors des réformes précédentes par des hausses de dividendes.

Gaudin restera en fonction jusqu'en 1834 et son successeur, le Comte d'Argout fera de même jusqu'en 1857. Cette stabilité, qui sera également le cas pour d'autres gouverneurs par la suite, est alors tout à fait remarquable, non seulement en raison des changements de régimes politiques mais aussi des transformations profondes qu'a connu l'activité de la banque pendant ce premier demi-siècle.

B) *L'institution du monopole.* — Lors de sa création, la Banque n'était encore qu'un comptoir d'escompte parisien parmi d'autres et subissait la concurrence de trois autres établissements plus petits qui émettaient aussi des billets. Cette diversité contrastait avec le souci d'unification et de centralisation du régime et la question fut posée dans le cadre de la préparation de la grande loi monétaire du 7 germinal an XI (28 mars 1803) qui fut suivie le 24 germinal (14 avril) d'une loi sur les banques, véritable fondation de la Banque de France en tant qu'institut d'émission. Cependant, son monopole n'était établi que pour Paris et des banques départementales subsisteront jusqu'en 1848. A cette date, l'institut bénéficiera enfin du monopole national mais celui sera contesté quinze ans plus tard à la faveur d'une péripétie du rattachement de la Savoie à la France.

a) L'éviction des banques départementales. Par la loi de 1803 la Banque obtint un privilège d'émission de quinze ans pour Paris pour des billets de 500 F au minimum, soit l'équivalent d'un an de salaire ouvrier. En dehors de Paris des banques d'émission pourraient être créées avec l'autorisation du gouvernement pour émettre des billets d'au moins 250 F. Ces restrictions à son privilège correspondaient tout à fait aux vœux de la Banque qui ne souhaitait pas trop répandre ses billets avec des petites coupures ni multiplier ses comptoirs pour ne pas disperser son encaisse à une époque où les transports étaient encore difficiles.

Cependant le pouvoir souhaitait développer l'escompte et faire que la Banque de France ne soit pas seulement celle de Paris. Il poussa à la création d'agences et de succursales en province et en 1808, lors de la révision des statuts, il fut prévu la constitution de « Comptoirs d'escompte » de la Banque, avec monopole d'émission. Dès cette année deux comptoirs furent établis à Lyon et à Rouen, puis un autre à Lille en 1810, mais ensuite le ralentissement des affaires interrompit le processus. L'aggravation de la guerre puis l'invasion du territoire conduisent à des remboursements de plus en plus fréquents et le 30 mars 1814, à la veille de l'entrée des alliés dans Paris, il restait à peine plus de 2 millions de numéraire, mais pour seulement 4 à 5 millions de billets. Le crédit de la Banque était intact, mais la monétarisation compromise.

La Banque va profiter des circonstances pour fermer ces comptoirs qu'elle considérait comme une charge onéreuse et une activité risquée sur des marchés cloisonnés géographiquement qu'elle connaissait mal. Ces réticences n'arrangent guère les milieux économiques locaux qui ne disposent pratiquement d'aucune infrastructure bancaire et ils vont alors utiliser les dispositions de la loi de 1803 pour créer des banques départementales. La première apparaît à Rouen en 1818 et l'exemple est suivi par d'autres ports, Nantes et Bordeaux, avec souvent beaucoup de difficultés pour réunir les capitaux. Ensuite, sous la Monarchie de Juillet, le mouvement s'accélère et témoigne du développement des affaires, mais aussi de l'intérêt de la bourgeoisie pour des fonctions prestigieuses de régents ou de censeurs.

Cette multiplication va inquiéter la Banque de France qui avait d'abord considéré les banques départementales avec un certain dédain, en refusant même un compte à la Banque de Rouen. Elle craint un développement anarchique du billet et surtout une concurrence qui s'empare avant tout des meilleures places où l'on constate parfois une décote de son papier-monnaie ! La réaction indispensable prendra deux voies : d'une part elle commencera à rouvrir des comptoirs en province et à jeter ainsi les bases d'un véritable réseau, d'autre part elle usera de son influence pour limiter l'activité des banques départementales par des prescriptions restrictives dans les ordonnances d'autorisation (escompte limité aux effets sur place, exigence d'une couverture en numéraire d'un tiers). Ces restrictions pouvaient s'appuyer très vaguement sur l'autorité théorique des débats qui se déroulaient à la même époque en Angleterre et l'unicité d'émetteur passait pour une traduction des exigences de prudence du *currency principle* (Pose, 1942, 144). Cependant les libéraux trouvaient que le billet était encore trop peu répandu et les intérêts locaux tenaient à leurs banques qu'ils préféraient à des agences d'un établissement très centralisé capable de retirer ses fonds brusquement.

La question ne sera réglée qu'à la faveur de la révolution de 1848. La crise économique puis politique a poussé à des retraits d'espèces et elle provoque également des besoins de financement public, notamment pour assurer le fonctionnement très onéreux des ateliers nationaux. Ces circonstances imposent la suspension de la convertibilité et un décret du 16 mars instaure un cours forcé du billet en fixant un plafond d'émission, ce qui marque l'origine du système français de contrôle légal de la circulation fiduciaire, un contrôle assez souple puisqu'il est toujours possible de relever le plafond en cas de besoin et ce sera fait souvent. Mais pour l'heure ce renforcement du caractère monétaire du papier se fait assez mal avec des billets provenant d'émetteurs différents, dont la solidité est appréciée de manière variable par le public. En conséquence, le gouvernement provisoire accepta très rapidement les demandes du Conseil général de la Banque et deux décrets des 27 avril et 2 mai vont transformer les neuf banques départementales en comptoirs de la Banque de France. Celle-ci peut poursuivre son activité en jouissant de son monopole, d'autant plus que le billet est entré dans les mœurs avec l'émission de coupures de 100 F seulement. Mais la monnaie fiduciaire n'est pas encore suffisante au regard des besoins de l'économie, comme on le verra sous le Second Empire.

b) L'affaire de la Banque de Savoie. La question du monopole va se retrouver au cœur d'un important débat politico-économique sous le Second Empire[1]. C'est une époque de forte croissance que l'on constate aussi sur le plan bancaire avec la formation des bases de la banque moderne et la constitution de nouveaux établissements spécialisés. Parmi ceux-ci il faut surtout mentionner le Crédit mobilier des frères Pereire qui entendent transformer leur banque en une vaste société commanditaire de l'industrie. Il s'agit d'appliquer les idées saint-simoniennes de développement industriel, facteur de l'aisance générale, et pour y parvenir il faut un développement du crédit et une baisse de l'intérêt. Mais la Banque de France, aux mains des représen-

1. A. Plessis, *La politique de la Banque de France de 1851 à 1870*, Genève, Droz, 1985, 354 p.

tants de la « haute banque » traditionnelle, marqués par les préoccupations de la gestion de fortune, n'a pas le dynamisme nécessaire.

La Banque de France était bien installée et son privilège avait même été renouvelé en 1857 pour la durée extraordinaire de quarante ans. Cependant les idées des Pereire connaissent un certain succès auprès de l'Empereur et de son entourage où l'on est séduit par les perspectives offertes par la constitution d'un vaste réseau concurrent, moins malthusien, prêtant sur actions, émettant en petites coupures et n'exigeant pas la troisième signature sur les effets. Il est cependant difficile de bouleverser le système du monopole, mais en 1860 le rattachement de la Savoie à la France va peut-être offrir une occasion favorable.

Lors de ce rattachement il avait été prévu que la Banque de Savoie continuerait à jouir de tous ses privilèges, dont l'émission. Ses actionnaires vont alors essayer de négocier cet avantage en proposant une fusion au pair avec la Banque de France, ce qui ne pouvait être accepté en raison de l'écart considérable des cours (1 200 F pour la première contre 3 000 pour la seconde). La Banque de France proposa simplement un rachat du privilège mais il fut difficile de s'entendre sur un prix et l'affaire resta bloquée jusqu'à ce que les frères Pereire interviennent. En septembre 1863 ils marquent leur intérêt pour la Banque de Savoie et surtout pour son privilège d'émission ! Ils annoncent leur intention de décupler le capital de la Banque pour la transformer en un vaste établissement national, conforme à leurs vœux de développement financier. Cependant il fallait l'autorisation du gouvernement pour cette augmentation car la liberté des sociétés anonymes n'était pas encore établie.

Les défenseurs de la Banque de France menés par les Rothschild vont alors s'attaquer fortement aux projets du Crédit mobilier accusé de visées hégémoniques et d'atteintes à la liberté du commerce. Parmi les économistes les débats doctrinaux opposent les « orthodoxes » comme Wolowski aux « libre-banquistes » ou « romantiques » comme Michel Chevalier et la pratique de taux d'escompte élevés pour défendre les réserves est vivement critiquée par ceux qui souhaitent une meilleure circulation monétaire. Mais le ministre des Finances Fould réussit à convaincre l'Empereur de conserver le monopole, gage de solidité, et l'opération des Pereire échouera en 1865. Il est vrai que la Banque avait fait preuve de bonne volonté en commençant enfin à émettre le billet de 50 F prévu lors du renouvellement du privilège de 1857 et qu'elle s'engageait dans l'extension de son réseau. Par ailleurs, la même année le chèque est reconnu par la loi et le Crédit lyonnais fondé en 1863 ou la Société générale créée en 1864 commençaient à illustrer les possibilités d'un nouveau type de grandes banques de dépôts qui n'étaient pas nécessairement attachées à l'émission.

A la fin du Second Empire, le pouvoir financier de la Banque est bien établi et des confirmations éclatantes en sont données à l'occasion de la guerre de 1870. Cet événement est d'abord l'occasion de proclamer par la loi du 12 août en plus du cours forcé le cours légal des billets qui vont d'ailleurs être émis en petites coupures de 25 voire de 5 F. Ensuite, la Banque réussira à maîtriser les relations avec les gouvernements malgré les changements politiques, l'invasion et la révolution parisienne, mais des tensions avec Gambetta lui vaudront par la suite l'inimitié de la gauche. Enfin, après le conflit, on verra que la solidité de l'encaisse et des relations internationales de l'institut vont favoriser le règlement rapide de la colossale indemnité de guerre imposée par l'Allemagne ainsi que le retour également rapide à la convertibilité, acquise en 1878. Cette situation exemplaire impressionnera même le vainqueur et cette démonstration de l'intérêt d'une banque centrale servira parfois d'argument dans les débats qui se tiennent alors en Allemagne où après l'unification politique on réalise l'unification monétaire.

III. — L'émission dans la formation de nouveaux États unifiés

Le mouvement des nationalités qui s'affirme au XIXe siècle va nécessairement s'intéresser à la constitution de banques nationales. On peut en voir un exemple dès les années 1830 avec la Belgique qui accède à son indépendance. Pour lutter contre la place prépondérante de la Société générale qui avait été fondée en 1822 par le roi Guillaume Ier des Pays-Bas et qui était le caissier de l'État, le roi Léopold Ier appuya la création d'une autre banque d'émission en 1835, la Banque de Belgique. La concurrence des deux banques et le mélange de leurs activités publiques et commerciales s'avéra fort gênante lors des crises de 1838 et 1848 et pour instaurer un régime plus solide le monopole de l'émission fut réservé à un institut créé en 1850, la Banque nationale (Houtman, van der Wee, *in* Pohl, 1995, 286). Le même processus se rencontrera dans les deux grands pays qui réalisent leur unité politique, l'Allemagne et l'Italie, mais avec des délais un peu plus longs et davantage de complications car la concurrence politique et économique était plus importante.

1. **L'Allemagne.** — Les questions monétaires occupent une grande place dans la formation de l'unité allemande, à proportion des divisions initiales. En 1815, après le congrès de Vienne, la souveraineté est émiettée entre 35 royaumes ou principautés et 4 villes libres. Chacune a sa monnaie, ne serait-ce que pour fournir au prince les revenus du seigneuriage, et parfois même son propre système de compte. L'union monétaire fut une œuvre de longue haleine, menée sous l'impulsion

un peu inquiétante de la Prusse en parallèle avec l'union douanière du *Zollverein*. Elle passa par plusieurs conventions (Munich en 1837, Dresde en 1838, Vienne en 1857) qui réalisèrent des rapprochements régionaux autour du thaler et du florin avant de parvenir à l'adoption d'une monnaie unique, le mark, en 1873 au lendemain de la fondation de l'Empire[1].

Cependant le processus était centré sur les espèces et les conventions n'avaient fixé aucune règle pour les billets, en dehors du principe de la libre convertibilité arrêté en 1857. Pourtant l'économiste Friedrich List avait largement souligné l'intérêt d'une banque centrale pour le *Zollverein*, mais les intérêts fortement divergents des États avaient empêché toute réalisation. Déjà la Prusse elle-même avait une attitude assez réservée à l'égard des banques d'émission, non pas par hostilité envers la monnaie papier mais par crainte d'une concurrence pour ses propres billets du Trésor ou bons de caisse, émis notamment à l'occasion des guerres. Cette restriction apparaissait comme une opportunité favorable pour les États voisins qui espéraient pouvoir faire circuler leurs billets sur ce marché pour répondre à la demande de moyens de payement commodes. La planche à billets leur permettrait alors de retrouver les gains de seigneuriage mis à mal par les règles de la Convention de Dresde qui avait strictement fixé les types de pièces et les frais de frappe : en émettant de petites coupures qui restaient dans la circulation courante, on avait très peu de risque de voir demander la conversion en métal précieux.

Dans ces conditions, pour résister à la concurrence de ces *Zettelbanken* ainsi qu'aux revendications de liberté bancaire émises par de nombreux industriels, la

1. B. Schultz, *Kleine deutsche Geldgeschichte des 19. und 20. Jahrhunderts*, Berlin, Duncker & Humblot, 1976, p. 11-53 ; M. Hau, *Histoire économique de l'Allemagne*, Paris, Economica, 1994, 364 p.

Prusse dut se résoudre à s'intéresser à l'émission en 1846. Elle réforma sa législation bancaire et transforma l'ancienne Banque royale de prêt et de comptes courants en un institut d'émission *(Notenbank)* grâce à une augmentation de capital offerte au public. La nouvelle Banque de Prusse avait ainsi un capital mixte, à 90 % privé, mais sa direction était contrôlée par l'État et sa gestion se trouvait soumise à des règles strictes de couverture ainsi qu'à un contingent fixe d'émission (Ziegler, *in* North, 1995, 315).

Ce contingent s'avéra vite insuffisant et de nouvelles *Zettelbanken* purent se créer dans les principautés, ce qui amena à l'abandon de ce cadre contraignant en 1856. Cependant les contraintes de la période précédente avaient permis d'accumuler des réserves très importantes et donnèrent à la Banque de Prusse un grand avantage dans la crise de 1857 quand beaucoup de petites banques des États voisins connurent des difficultés. Malgré cela les économistes libéraux demeurèrent largement favorables dans les années 1860 au *banking principle* et à la liberté d'émission pour les banques privées. Mais les Chambres de commerce vont réclamer une centralisation plus nette de l'émission pour mettre de l'ordre dans une situation un peu confuse avec des dizaines de types de billets différents. On en comptait environ 140 vers 1870, provenant de 33 banques et de nombreux trésors publics.

C'est en 1870 que la Confédération d'Allemagne du Nord intervint sur ce point, en vertu de l'article 4 de sa Constitution qui lui donnait compétence pour fixer les principes de l'émission de papier monnaie et les règles bancaires. Une loi du 27 mars 1870 réserva au *Bund* l'autorisation de nouvelles banques d'émission et une autre loi du 16 juin interdit l'émission de papier monnaie ou *Kassenscheine* par les États. Ces règles seront ensuite étendues à l'Allemagne du Sud par des lois d'Empire, tandis que les billets des trésors publics devaient être retirés ou convertis en bons de caisse fédéraux *(Reichskassenscheine)*. Ces nouvelles règles donnèrent un avantage considérable aux banques en place et naturellement à la plus puissante d'entre elles, la Banque de Prusse qui avait étendu son réseau et contrôlait les deux tiers de la circulation de billets. Les partisans de la liberté bancaire avaient dû s'incliner devant la force de l'idée unitaire qui venait parallèlement de triompher de la diversité des systèmes monétaires allemands avec la création du mark.

L'Empire avait hérité des compétences législatives monétaires et bancaires de l'ancienne Confédération du Nord et va poursuivre la réorganisation de l'émission qui fut l'objet d'une grande loi du 14 mars 1875. Dans son titre Ier la loi fixait les règles applicables aux *Zettelbanken* en précisant notamment des ratios d'émission d'une manière assez souple : au-delà de l'encaisse et d'un montant fixé pour chaque banque par la loi, le contingent, les billets étaient soumis à un impôt de 5 %. Nous avons ainsi un système moins rigide que celui de l'Angleterre et tout de même plus strict que le plafond légal connu en France. Son élasticité permet de s'adapter à la demande car si les taux d'intérêts sont élevés, indiquant un besoin de financement, il peut être rentable d'émettre au-dessus de l'encaisse et du contingent malgré l'impôt. Ce montant fixe était une part d'un contingent national et si une banque venait à cesser ses activités d'émission, cette part était transférée à la nouvelle *Reichsbank* fondée par le titre II de la loi. De fait, 15 *Zettelbanken* vont renoncer à leur privilège dès le lendemain de la promulgation de la loi car celle-ci leur imposait certaines contraintes en interdisant notamment des activités spéculatives et en limitant l'ouverture de succursales. Les autres continueront leurs activités plus ou moins longtemps et en 1910 il n'en restera plus que quatre en Saxe, Bavière, Bade et Wurttemberg, donc principalement dans les États du Sud qui avaient toujours défendu leur identité dans la construction de l'Empire. De cette manière, le contrôle de l'émission ménageait les situations acquises et faisait mieux accepter une unification où la domination de la Prusse était pourtant très forte.

Car la nouvelle *Reichsbank* provenait tout simplement de la Banque de Prusse cédée à l'Empire et absorbée le 1er janvier 1876. Comme auparavant nous aurons des actionnaires privés mais le choix de la direction continue également à relever du gouvernement. Le Chancelier préside d'ailleurs lui-même le conseil des curateurs qui supervise les activités de la Banque et Bismarck se servira de cette position en 1887 pour fermer à la Russie l'accès au marché financier allemand. Mais en dehors de cet exemple stratégique, l'activité de la Banque sera surtout orientée vers une pratique libérale de l'escompte et la consolidation de la monnaie fiduciaire grâce à la constitution de réserves d'or importantes et en 1909, à l'occasion du renouvellement de son privilège, ses billets qui s'étaient largement répandus se voient enfin reconnaître le cours légal. En somme une activité assez routinière ou classique, favorisée par le fait que se constituent parallèlement de grandes banques universelles qui ont la surface suffisante pour assurer le financement de l'industrialisation, grâce à des concentrations. A la même période, celles-ci se feront plus difficilement en Italie et impliqueront davantage la banque centrale.

2. **L'Italie.** — La *Banca d'Italia* n'apparaît qu'en 1893, soit assez longtemps après l'achèvement de l'unification politique en 1870. Mais elle est le résultat d'une fusion et ses origines se trouvent comme l'unité italienne elle-même dans le royaume de Piémont-Sardaigne (Goodhart, 1988, 130-138). En effet,

la composante principale de cette fusion est la *Banca nazionale* formée en 1849 par le rapprochement de deux banques d'émission existant à Gênes et à Turin depuis 1844 et 1847. Après la proclamation du royaume d'Italie en 1861 elle fut appelée *Banca nazionale del Regno d'Italia* et s'affirma rapidement comme la banque du gouvernement et la plus importante du pays grâce à la création de succursales et à l'absorption d'autres établissements à Parme, Bologne et Venise.

Mais la persistance de particularismes régionaux va maintenir la présence de plusieurs autres banques d'émission, principalement dans le Sud. De plus, l'institution d'un cours forcé de 1866 à 1881, en raison de circonstances de guerre à l'origine, va favoriser la multiplication du papier monnaie avec l'émission de billets d'État et la pénurie de numéraire conduira même à l'impression de très petites coupures par toutes sortes d'administrations locales ou d'entreprises, selon un processus que l'on reverra encore dans les années 1970. Pour réorganiser le système le gouvernement fixa des règles dans une loi bancaire de 1874 et constitua un consortium des six banques d'émission pour absorber les billets d'État, assurer la compensation des billets de banque et normaliser les petites coupures de la monnaie de nécessité. Grâce à l'action de ce *Consorzio* et à un gros emprunt extérieur, la convertibilité put être rétablie en 1881.

Le système continua à fonctionner sur ces bases pendant les années 1880 mais montra rapidement des signes de faiblesse dans une ambiance de croissance très spéculative, notamment dans le secteur immobilier. La multiplicité des banques d'émission entraînait une certaine fragilité, surtout pour celles qui n'avaient pas la taille de la *Banca nazionale.* C'était surtout le cas de la *Banca Romana*, issue de la Banque des États pontificaux, qui s'était toujours distinguée par des opérations très hasardeuses et qui s'est retrouvée plusieurs fois en faillite virtuelle. Mais pour des raisons politiques il était impossible de laisser déclarer la faillite de cette institution romaine et elle fut renflouée discrètement à plusieurs reprises, sans que cela modifie ses pratiques dans le sens d'une plus grande prudence. En 1893 la révélation de cette situation et des manœuvres frauduleuses de la banque couvertes par le pouvoir fit scandale et déclencha une panique. La réaction nécessaire intervint avec la loi du 10 août 1893 qui renforça les normes d'émission en s'inspirant du système allemand du contingent dépassable moyennant un impôt et une couverture en espèces, ainsi que le contrôle des banques par l'administration qui avait le pouvoir de fixer le taux d'escompte ! La loi autorisa également la fusion de la Banque nationale avec deux banques d'émission toscanes pour former une nouvelle société par actions, la Banque d'Italie qui obtient un privilège d'émission pour vingt ans et se voit chargée de la liquidation de la *Banca Romana*. Cependant les banques de Naples et de Sicile, transformées en établissements publics, conserveront leur privilège d'émission pour des montants significatifs jusqu'en 1926 car il convenait de respecter les particularismes du Sud.

La nouvelle banque centrale démontra immédiatement la justesse des solutions adoptées en jouant très efficacement le rôle de prêteur en dernier ressort dans la sortie de cette crise de 1893 puis en 1899. Par la suite, en 1907 elle utilisera son rôle dominant d'une autre façon en convainquant les deux plus importantes banques commerciales de sauver de la faillite la *Società Bancaria Italiana* dont le portefeuille avait été mis à mal par la crise boursière de 1905-1906. Cette construction pragmatique s'apparentait pratiquement à celle des systèmes des États fédéraux, mais il est vrai qu'il y avait les mêmes susceptibilités locales à respecter.

IV. — L'émission dans les structures fédérales

Dans les États fédéraux, la question complexe du rapport entre les membres et la fédération concerne bien évidemment le pouvoir régalien de la fixation et de l'émission de monnaie. Si le choix de l'unité et la frappe des pièces se règlent relativement facilement, il n'en est pas de même de la monnaie fiduciaire où l'action des intérêts bancaires privés complique le jeu. Nous avons déjà pu voir les hésitations qui ont caractérisé les débuts financiers des États-Unis d'Amérique et celles-ci se poursuivront longuement jusqu'à l'entrée en activité en 1914 d'un ensemble assez original et compliqué qui s'intitule d'ailleurs « Système fédéral de réserve » pour bien illustrer le fait qu'il s'agit d'un ensemble. L'autre grand exemple d'État fédéral, la Confédération helvétique, va adopter une solution plus classique avec une banque centrale, la Banque nationale suisse, établie en 1907, mais celle-ci est aussi dans ses structures le témoignage d'un compromis patiemment élaboré. Ces compromis sont d'ailleurs très solides puisque ces deux institutions sont demeurées pratiquement inchangées jusqu'à nos jours où elles gèrent toutes les deux des monnaies fortes, véritables liquidités internationales.

1. **La formation du Système fédéral de réserve américain.** — La seconde Banque des États-Unis ayant disparu en 1836, faute de renouvellement de sa charte de privilège, le pays demeure sans établissement financier national mais avec un nombre croissant de banques dont certaines ne servent qu'à couvrir des opérations d'escroquerie en disparaissant dès qu'une encaisse suffisante a été récoltée et laissant ainsi des billets sans valeur. Cette finance sauvage, le *wildcat banking*, jette de l'ombre sur les principes de la liberté bancaire (H. Rockoff, *in* Palgrave, 1992, 3, 802). Mais les tenta-

tives d'établir une nouvelle banque centrale échouent pour des raisons politiques et il n'en sort que quelques principes fixant la position du Trésor dans les opérations financières et garantissant son indépendance. Le progrès de la réglementation bancaire ne sera obtenu qu'en 1863 à la faveur de la Guerre civile, en raison des besoins de financement mais aussi, plus fondamentalement, grâce à une meilleure intégration politique et économique du pays qui voit son marché s'unifier avec l'extension des chemins de fer. Cependant si des règles sont fixées pour encadrer partiellement l'émission, le contrôle et le soutien du système ne sont pas toujours assurés et il faudra les crises monétaires de la fin du siècle et des paniques bancaires à répétition pour organiser enfin un système fédéral[1].

A) L'*Independent Treasury System.* — La première phase de cette évolution est à nouveau marquée par des débats législatifs longs et complexes, voire confus. Ils avaient commencé dès 1834, dans le cadre des réformes de Jackson concernant le placement des fonds du Trésor auprès des banques. Certains de ses adversaires voulaient que l'exécutif fédéral ne profite pas de la disparition d'une banque centrale autonome pour renforcer son pouvoir en contrôlant directement les banques. Pour eux, le Trésor doit être reconnu comme indépendant. Ces propositions furent d'abord écartées au Congrès mais on les vit réapparaître à la faveur de la crise de 1837 qui avait fait beaucoup de déçus parmi les anciens partisans des *pet banks*, ces banques privilégiées dans le placement des excédents fédéraux. Après des débats parlementaires très vifs, une loi sur la trésorerie fédérale est enfin votée en 1840 mais son application va être perturbée par les élections de cette année qui donnent la majorité aux républicains. En 1841, les *whigs* annulent cette loi sur la trésorerie et votent un texte établissant une « banque fiscale » qui pourrait être une résurrection de la Banque des États-Unis mais avec des pouvoirs de politique monétaire clairement affirmés, dans un objectif de stabilité économique. Malheureusement cette loi se heurta au

1. M. Friedman, A. J. Schwartz, *A Monetary History of the United States (1867-1960)*, Princeton, 1963, 860 p. ; R. H. Timberlake, *The Origins of Central Banking in the United States*, Cambridge, Harvard UP, 1978, XI + 272 p. ; H. Intrator, *Le système bancaire américain*, Paris, « Que sais-je ? », n° 3171, 1996.

veto du président Tyler. Reprise rapidement sous une autre forme, elle récoltera un nouveau veto à la surprise générale. En fait il semble que le président se soit laissé entraîner dans une combinaison politique destinée à aboutir à un troisième parti. Il avait besoin de l'appui des démocrates pour un programme affirmant les droits des États ce qui conduisait nécessairement à écarter une banque centrale. Et de plus ses attaches virginiennes le rendaient sensible aux préventions sudistes contre la banque. En tout cas cette volte-face provoqua une crise politique majeure et enleva toute chance aux contre-projets de Tyler en faveur d'un *Board of Exchequer*, comité du Trésor chargé de la politique monétaire et notamment de l'émission de billets en cas de difficultés économiques.

Les démocrates retrouvèrent la majorité au Congrès fin 1842 et on en revint aux idées précédentes. D'ailleurs la persistance d'un déficit fiscal, provoqué par l'abaissement des droits de douane et par les tensions militaires avec le Mexique, nécessitait le recours à l'émission de billets du Trésor. En principe ces *notes* devaient être émises pour une courte durée correspondant aux difficultés conjoncturelles et le problème était de savoir comment les faire rentrer dans les caisses fédérales. Dans ce contexte de liberté la meilleure méthode consistait à agir sur le marché en offrant des titres pour absorber ces billets. Pour cette action de régulation par l'*open market* qui nécessite une certaine souplesse la Trésorerie va se voir reconnaître en 1846 une indépendance par rapport au Congrès, constitutionnellement compétent en matière d'emprunt. L'idée initiale a ainsi pris un tout autre aspect, mais peu favorable au Congrès, ce qui explique les difficultés d'adoption.

Ce système fonctionna relativement bien pendant une quinzaine d'années. La guerre avec le Mexique en 1847-1848 n'a pas été trop onéreuse et ensuite les découvertes d'or de Californie limitent la pénurie monétaire. Par ailleurs, les contemporains paraissaient s'accommoder des 7 000 billets différents que l'on pouvait recenser. En fait, c'était un total national très théorique car dans la pratique on ne connaissait guère que les billets locaux. Cependant les échanges commencent à se développer dans les années 1840 et 1850 et l'absence d'un lieu central de compensation de ces billets se fait sentir. Ce sera encore plus net quand la guerre civile aura poussé à l'extension d'un réseau ferroviaire transcontinental.

B) *La Guerre de sécession et le « National Banking Act »*. — En 1861 la guerre met fin à cette ambiance monétaire très calme, avec ses bouleversements économiques et ses besoins énormes et rapides de financement. L'impôt n'étant pas une ressource immédiatement productive car il fallait d'abord réformer le système fondé sur les seuls droits de douane, l'utilisation des billets s'imposait, qu'il s'agisse de billets de banques provenant de prêts ou bien des billets du trésor, les *greenbacks*, les « billets verts ». Ceux-ci furent émis en quantité considérable dès 1861 et pendant les quatre années de guerre et il en résulta immédiatement des effets inflationnistes. Dans ces conditions, la préférence pour le métal apparut nécessairement et conduisit à décréter la suspension de la convertibilité le 30 décembre 1861. Puis à ce cours forcé, qui sera maintenu jusqu'en 1879, s'ajoutera le 25 février 1862 le cours légal c'est-à-dire le pouvoir libératoire selon la formule figurant encore de nos jours sur les dollars : *this note is legal tender for all debts, public and private*. La monnaie est désormais essentiellement fiduciaire, d'autant plus que la guerre a poussé à la thésaurisation des espèces. C'est là un changement considérable qui impose plus que jamais une régulation des *greenbacks* (Calomiris, *in* Palgrave, 1992, 2, 281).

Or les républicains avaient retrouvé le pouvoir à Washington, car la plupart des démocrates se trouvaient dans les rangs sudistes. On voit donc ressortir des projets vieux de vingt ans qui peuvent laisser espérer la réapparition de la Banque des États-Unis. Mais en fait, compte tenu des circonstances qui exigent une certaine souplesse, nous aurons un système tout à fait différent, très décentralisé.

La loi du 25 février 1863, connue d'abord sous le nom de *National Currency Act* puis appelée *National Banking Act* à l'occasion d'une modification, fixe des règles uniformes pour l'émission sous la surveillance d'un service fédéral chargé de la circulation monétaire, l'*Office of the Comptroller of the Currency*, établi auprès du Trésor. Ces règles concernent la forme sociétaire des banques et le capital minimal, elles fixent aussi le modèle uniforme des billets qui doivent être admis au pair dans le système et enfin elles déterminent les ratios de couverture de l'émission qui peut être réalisée en fonds d'État, ce qui est tout à fait favorable à une saine gestion du déficit budgétaire. Ces *national bank notes* n'ont pas cours légal mais comme elles peuvent être échangées contre des *greenbacks* leur statut est de fait le même. C'est là un avantage décisif sur les billets des banques qui n'adhéreraient pas à ces règles, car pour respecter l'ordre constitutionnel, ce système repose sur l'adhésion volontaire d'établissements que l'on qualifiera de *national banks*, le Congrès ne pouvant pas agir directement contre les *state banks*. Cependant, en 1865 on imposera une taxe de 10 % sur ces billets des banques locales pour pousser à l'adhésion ou éliminer ce papier moins fiable.

Ce système unifié va fonctionner après la guerre sous la domination du Trésor qui mène une politique de déflation très sévère avec un retrait des billets d'État qui provoque une baisse des prix de 8 % par an. Il en résulte des tensions très fortes dans une économie qui s'était nettement monétarisée, ne serait-ce qu'avec la suppression de l'esclavage. Beaucoup de banques connaissent des difficultés et l'absence d'un organe régulateur est sensible, malgré l'existence depuis 1857 déjà de chambres de compensation qui assurent un crédit interbancaire au profit des membres des associations fondatrices. Des revendications favorables à une politique plus souple apparaissent et sont partiellement exaucées avec le retour au pouvoir des démocrates en 1868, mais elles auront encore beaucoup d'autres occasions de se faire entendre dans les crises de la fin du siècle.

C) *La crise du bimétallisme.* — Cette crise est provoquée par la baisse du cours de l'argent, très sensible à partir de 1873, et elle fait passer la monnaie métallique au premier plan des débats. Cependant ces discussions concernent aussi la monnaie fiduciaire car c'est en fait la politique monétaire qui est en cause. La crise de l'argent avait conduit à réduire son rôle monétaire dès 1873, avec une limitation de la frappe et une réduction du pouvoir libératoire des monnaies blanches, et ceci préparait un passage au monométallisme-or tel qu'il avait été adopté par la Grande-Bretagne depuis longtemps ou plus récemment par l'Allemagne. Ce changement va mécontenter fortement les producteurs d'argent de l'Ouest qui dénonceront violemment ce « Crime de 1873 » et obtiendront le soutien de tous ceux qui luttaient depuis des années contre la déflation et qui avaient formé le vaste mouvement des *greenbackers*.

La lutte politique des argentistes va durer un quart de siècle avec à chaque élection le déploiement extraordinaire de moyens de propagande : presse, théâtre, romans, caricatures, chansons sont mises au service d'une revendication de libre frappe de l'argent. La crise est sérieuse et inquiétante car elle fait apparaître des clivages régionaux et sociaux, avec l'opposition entre l'Amérique industrielle de l'Est, favorable à une *strong money* et par conséquent à l'or, et l'Amérique agricole du Sud et de l'Ouest qui réclame une *cheap money* et défend le bimétallisme contre la déflation. Les argentistes remporteront des victoires partielles mais la défaite du métal blanc sera consommée en 1900 avec le rattachement du dollar à l'or, quelques années après la sortie de la grande dépression qui offrait un contexte favorable aux revendications inflationnistes.

Cependant, en arrière-plan de ce conflit sur des questions un peu archaïques, la monnaie de banque n'était pas oubliée. Beaucoup d'anti-argentistes étaient dans le fond d'accord avec les défenseurs du métal blanc : l'on manquait de monnaie, mais il ne fallait pas y remédier avec un moyen douteux comme l'argent. Dès 1884 des discussions ont lieu sur la monnaie fiduciaire et en 1894 le congrès de l'Association des banquiers, réuni à Baltimore, propose un plan pour étendre l'émission qui serait assise sur des valeurs d'actif au lieu des réserves habituelles de papier d'État, bons du Trésor ou espèces. Cependant ce plan ne connaît guère de succès, sans doute parce que le système bancaire paraissait encore bien fragile avec une panique marquée par des retraits brusques et des faillites chaque décennie : en 1873, 1884, 1893 et ensuite en 1907[1].

Cette crise bancaire de 1907 va mettre très nettement en évidence les défauts majeurs du système tel qu'il fonctionnait depuis 1863. Les réserves des banques sont trop faibles et surtout trop fragiles, à la merci des retraits des fonds du Trésor qui depuis quelques années se faisaient de façon assez fantaisiste, alors même que le secrétaire à la Trésorerie, Shaw, était plutôt laxiste dans la surveillance des ratios de couverture. De plus, le système connaît un émiettement extrême à cause des lois fédérales ou locales qui empêchaient la création de filiales ou l'ouverture de succursales. Il y a alors près de 16 000 banques et cette dispersion favorise les fraudes ou les spéculations, comme celle sur le cuivre qui provoqua la crise, puis les réactions en chaîne. La panique se propage comme le feu dans la broussaille, sans rencontrer la résistance de grands arbres. Certes l'on connaît bien quelques grands établissements (à New York, sur 76 banques, 6 contrôlent 60 % des dépôts), mais ils sont isolés, ne forment pas un massif et leur logique commerciale leur interdit de conserver trop de réserves pour intervenir en cas de défaillances sur la place.

Après la crise la réflexion législative s'engage sérieusement, avec la participation active d'économistes, ce qui est tout à fait nouveau. On tombe d'accord sur la

1. O. M. W. Sprague, *History of Crises under the National Banking System*, New York, National Monetary Commission, 1910, VI + 484 p.

nécessité de limiter l'influence néfaste du Trésor mais il est plus difficile de dégager des solutions constructives. Dans un premier temps le Congrès va voter le *Aldrich-Vreeland Act* le 30 mai 1908 qui autorise l'émission d'une « monnaie d'urgence » par les banques nationales, couverte par des obligations émises par des États ou des villes, et va légaliser la pratique des associations bancaires de compensation qui pourront émettre des billets gagés par du papier commercial. L'escompte que nous connaissons depuis longtemps en Europe est enfin reconnu, mais comme l'ensemble est soumis à une tutelle tatillonne du Trésor la loi est plutôt mal accueillie. Mais elle n'était conçue que comme une réponse urgente à la crise et avait d'ailleurs créé la *National Monetary Commission* pour étudier de meilleures solutions.

Cette commission fit appel à de nombreux chercheurs qui produisirent des rapports publiés en 32 gros volumes qui offrent un panorama complet de l'histoire et de la théorie monétaire. Dans ses travaux la question d'une banque centrale occupa une place primordiale, en raison des besoins éprouvés mais aussi des craintes inspirées par la domination d'un institut d'émission. Le résultat fut un projet de *National Reserve Association* présenté par Vreeland. Son activité consisterait à pratiquer le réescompte et à émettre des billets, mais elle se distingue des banques centrales européennes en ce qu'elle est aux mains des banquiers privés qui en assurent la direction.

Ce projet se heurta à la victoire des démocrates aux élections de 1912, derrière Wilson. Leur vieille hostilité à une banque centrale, coalition de banquiers monopoleurs défenseurs de taux élevés, ne s'était pas calmée. Pourtant ils étaient conscients de la nécessité d'accroître et de diversifier les réserves, mais ne voulaient pas d'une centralisation excessive. Au lieu d'un institut unique, il faudrait établir plusieurs banques régionales.

L'idée est acceptable, mais il reste à savoir combien de banques seront créées. Pour les républicains, les industriels de l'est et tous les partisans d'une *strong money*, trois ou quatre suffiraient. Pour les démocrates et agrariens du sud et de l'ouest il en faudrait une par État ! Un compromis était indispensable et il fut atteint sur la base d'un raisonnement ferroviaire présenté par le sénateur du Colorado John Shafroth : les banques doivent pouvoir être atteinte en une nuit de train ! Grâce à cela, si un banquier a des difficultés il peut ramasser son papier, prendre le train de nuit, discuter d'un crédit auprès de la banque de réserve dès l'ouverture et passer un télégramme pour rouvrir ses guichets avant que la panique se soit déclenchée.

On en arriva ainsi, en combinant l'accessibilité et la géographie économique, à établir une liste de douze banques qui permit le vote du *Federal Reserve Act* le 23 décembre 1913. Les institutions qu'elle établit et qui commenceront à fonctionner partiellement le 10 août suivant incarnent tout à fait le caractère de compromis de l'ensemble. A la base l'on trouve 12 *Federal Reserve Banks* qui appartiennent aux banques de leur district, les *national banks* étant obligatoirement associées. Ces banques jouent le rôle de banque centrale dans leur district grâce aux réserves constituées par les banques adhérentes : compensation, intervention sur l'*open market*, réescompte et soutien aux banques en cas de difficultés. Au sommet on trouve un organisme gouvernemental qui supervise et coordonne les banques, le *Federal Reserve Board* composé de cinq membres nommés pour dix ans par le président des États-Unis, ainsi que du secrétaire au Trésor et du *Comptroller of the Currency*. L'ensemble est chargé des fonctions de banquier du Trésor ainsi que de veiller à l'élasticité de la circulation monétaire, au réescompte des effets de commerce et à une meilleure application des règles du contrôle bancaire (Sylla, *in* Palgrave,

1992, 2, 15). Rien n'est dit de missions plus générales de politique monétaire, mais il est vrai que la stabilité relevait en principe des mécanismes de l'étalon-or. Ce n'est que quelques années plus tard qu'il faudra reprendre cette question, après que la guerre de 14-18 ait mis à mal ces mécanismes régulateurs, selon une évolution qui va également toucher la Suisse.

2. **La Banque nationale suisse.** — Comme pour les États-Unis, la création tardive d'une banque centrale est le résultat d'un processus politique, lent mais parfois violent, qui accorde davantage de pouvoirs à l'échelon fédéral. Elle provient aussi d'une meilleure intégration économique du pays, fondée notamment sur l'expansion des transports. En 1815, chaque canton avait une large autonomie avec ses douanes, ses postes et sa monnaie et des banques d'émission vont se constituer dans les cantons les plus développés industriellement ou commercialement, avec parfois une participation du gouvernement cantonal (Saint-Gall en 1836, Bâle en 1845, Genève en 1846 et 1848). Des billets sont émis, parfois en monnaie étrangère. La monnaie ne devint une compétence fédérale qu'après la guerre civile du *Sonderbund*, dans la constitution du 12 septembre 1848 qui entraîna l'adoption du franc, mais les banques restaient dans les attributions cantonales jusqu'à la révision constitutionnelle du 29 mai 1874.

A cette époque existaient déjà 28 banques d'émission et quelques autres vont se créer encore pour porter ce total à 36. L'usage des billets qui n'avait été que très limité jusque-là, faute de cours légal et de reconnaissance en dehors des limites cantonales, se développe avec la crise du bimétallisme qui perturbe la circulation du numéraire affecté par la spéculation sur l'or et l'argent. Une loi de 1875 s'efforça de fixer des règles de couverture et de reconnaissance mutuelle des billets, ainsi que de plafonnement des émissions, mais elle fut rejetée par une votation populaire. Cependant, les deux tiers des banques vont établir un concordat pour appliquer volontairement les principes de cette loi et ceci favorisera l'élaboration d'une nouvelle loi fédérale du 8 mars 1881 qui établit des règles d'émission et fixe un modèle uniforme de billets dont les formules sont remises par une inspection fédérale aux banques, soumises à un impôt de 1 % sur le contingent autorisé ce qui va les encourager à faire circuler effectivement un maximum de billets. Un nouveau concordat entre 26 banques crée ensuite, en 1882, une chambre de compensation pour faciliter l'échange de billets.

En conséquence, la monnaie fiduciaire connaît une expansion, bienvenue dans la récession des années 1880 mais à une période où la spéculation sur l'argent continue à drainer les espèces, particulièrement dans les cantons frontaliers. Les réserves des banques fondent très vite ce qui entraîne une fragilisation du système. De plus, la faible surface de ces banques et la modestie de leur encaisse-or nécessite pratiquement de passer par le franc français pour les règlements internationaux, ce qui aboutit à une prime du franc français malgré la parité établie dans l'Union latine. Le système était finalement assez dépendant de la Banque de France ce qui paraissait inquiétant pour le cas où ces liens pouvaient être rompus matériellement ou juridiquement par une suspension de la convertibilité comme lors de la guerre de 1870 (Goodhart, 1988, 113).

Tous ces éléments vont relancer le débat sur l'intérêt d'un institut d'émission disposant du monopole et la question occupera la scène politique pendant une vingtaine d'années, avec une révision constitutionnelle et plusieurs votations populaires. Le débat s'est surtout centré sur la forme à donner à la banque qui devait être entièrement publique pour les radicaux ou complètement privée selon les conservateurs. Finalement la loi du 6 octobre 1905 représentera un compromis où l'on peut reconnaître le modèle de la *Reichsbank* : la banque sera une société par actions dont les deux cinquièmes du capital seront offerts à la souscription d'actionnaires privés de nationalité suisse tandis que le reste sera réservé aux cantons et aux banques cantonales. La part publique n'est donc pas aux mains du pouvoir central, cependant la Confédération dispose de prérogatives importantes dans le choix des membres du conseil de banque ainsi que de la direction collégiale. Un autre élément de compromis réside dans le fait que la nouvelle banque a deux sièges, à Berne et à Zurich, et se répartit ainsi entre les capitales politique et économique du pays.

La forme de la nouvelle banque centrale est privée, mais toutes ses attributions sont fixées par la loi, qui lui interdit de rémunérer d'autres dépôts que ceux de la Confédération. Elle n'a pas à se livrer à des opérations commerciales et à faire concurrence aux banques et doit se consacrer à sa tâche qui est de servir de régulateur au marché de l'argent et de faciliter les opérations de payement. Elle commencera son activité en 1907 et s'occupera en premier lieu d'unifier la circulation ce qui fut fait fin 1910. Tous les anciens billets ont été convertis et les cantons dédommagés de la perte de l'émission qui leur procurait parfois des recettes fiscales.

Dès ses premières années, la Banque adopte une politique très favorable à la stabilité de la monnaie et des changes, bien que cela n'était pas exigé par la loi. Elle limite l'escompte au seul papier effectivement commercial et refuse les papiers financiers, selon la doctrine des *real bills*, et de plus conserve une forte couverture métallique de l'ordre de 70 % soit bien au-delà du minimum légal de 40 % (Marguerat, *in* Lévy-Leboyer, 1995, 246). Cette stratégie, destinée à consolider son rôle de banque des banques, lui sera bien utile quand très jeune encore elle sera confrontée aux bouleversements amenés en 1914 par la guerre mondiale. Certes, la Suisse conservera sa neutralité mais elle aura aussi à accroître très fortement ses dépenses militaires ce qui entraînera un gonflement des besoins de l'État. Cependant elle sera surtout touchée par les grands mouvements monétaires liés à la guerre comme la suspension de la convertibilité, la mise en sommeil de l'Union latine et l'afflux d'or provenant des commandes ou des placements des belligérants. L'existence d'une banque centrale a incontestablement permis au pays de gérer convenablement ces problèmes et de donner au franc suisse la réputation d'une monnaie forte ce qui sera très utile par la suite, dans ce XXe siècle où les politiques économiques auront souvent à affronter la question de la stabilité de l'étalon monétaire.

Chapitre III

LES BANQUES CENTRALES AU CŒUR DES POLITIQUES ÉCONOMIQUES (XXe SIÈCLE)

La première guerre mondiale avait montré la grande utilité des banques centrales dans les fonctions classiques de banquier de l'État et d'émetteur. La suspension de la convertibilité avait également renforcé la préoccupation du contrôle de l'émission, mais celle-ci fut malgré tout immense, à la mesure des nécessités de cette conflagration énorme. La circulation fut multipliée par quatre et le montant des dettes s'était fortement accru. L'inflation était sensible partout et l'hyperinflation commençait à se manifester dans plusieurs pays d'Europe. Le souci de maîtriser ces phénomènes et de revenir à l'âge d'or marqué par la convertibilité va donner une place importante aux banques centrales érigées en gardiennes de la monnaie. Elles connaissent ainsi une grande vogue, voire un triomphe dans les années d'après-guerre qui représentent la première période des quatre que l'on peut repérer dans leur histoire au XXe siècle (Patat, *in* Lévy-Leboyer, 1995, 239-241). Cette histoire turbulente est d'ailleurs assez délicate à apprécier dans l'ensemble, faute de travaux scientifiques en nombre suffisant. Tous les auteurs, de tous les pays, s'accordent à déplorer le manque de sources, notamment pour les années postérieures à la seconde guerre mondiale, mais ce problème commun à toutes les études d'histoire du temps présent s'estompe progressivement.

La première période, que nous ne faisons que mentionner ici, est l'époque d'une prise de conscience du rôle effectivement central de ces organismes dans la politique monétaire et la stabilité du système des payements, en parallèle souvent avec la découverte de l'intérêt même d'une politique monétaire. Leur statut particulier les met à l'abri des préoccupations commerciales ordinaires, même si le souci de rémunération des actionnaires ne doit pas être oublié, et elles peuvent veiller efficacement à la circulation monétaire ainsi qu'à la sécurité des banques. En 1920 la Conférence de Bruxelles recommande la création d'un tel organisme dans tous les pays et ce sera fait dans les nouveaux États d'Europe centrale.

Cette période heureuse sans histoire ne durera malheureusement pas, car dès le milieu des années 1920, on voit apparaître une certaine défiance liée aux difficultés de la stabilisation et elle sera tout à fait avérée après le déferlement de la grande crise de 1929, d'autant plus que celle-ci trouve son origine dans la spéculation financière et les défaillances des banques. Les tensions sont parfois fortes avec les gouvernements et la rupture est consommée entre les opinions publiques et les instituts d'émission, d'autant plus facilement chargés de la responsabilité de tous les maux que leur action n'était pas toujours très pertinente. Cette ambiance va parfois servir au pouvoir pour réformer les structures dans le sens d'un plus grand contrôle et cette deuxième phase annonce la troisième qui sera celle de la sujétion des banques.

Cette sujétion, déjà réalisée dans les économies dictatoriales des années 1930, sera pratiquement générale après la seconde guerre mondiale. Le gonflement de la dette et les besoins de reconstruction provoqués par ce nouveau conflit exigent une politique énergique à la mesure des problèmes monétaires que l'on rencontre à cette période. L'économie de guerre se maintient avec des conceptions dirigistes et le succès des idées planificatrices ou socialistes amène des bouleversements dans les structures économiques même dans les pays capitalistes. Les nationalisations touchent certaines banques centrales qui étaient demeurées privées tandis que d'autres subissent la domination étroite des gouvernements. Tout comme la monnaie elles ne sont qu'un rouage de politiques ambitieuses et de même que la monnaie elles vont subir une certaine dépréciation.

Ce n'est que dans les années 1970 que cette conception commença à être remise en cause. Le développement des marchés internationaux et les innovations financières ont montré la faiblesse de l'outil monétaire dans la régulation de l'économie. Des actions dans ce domaine n'ont souvent qu'un effet à court terme et beaucoup de conséquences perverses qu'il est difficile de maîtriser dans des espaces économiques ouverts. Les responsables de la monnaie retrouvaient ainsi les vertus de la stabilité, indispensable à la mesure des valeurs, à la réserve de richesse, voire aux échanges et comme gardien de cette stabilité il s'agissait désormais d'avoir une banque indépendante, tout comme le métal était indépendant autrefois. Cette phase la plus récente nous fait pratiquement sortir de l'histoire car les dernières décisions en ce sens, concernant la Banque d'Angleterre, ne remontent qu'à l'été 1997. Cependant le modèle dans ce domaine est la Banque centrale allemande qui avait été érigée en institution indépendante, pour des raisons particulières, dès 1957 et bénéficie par conséquent d'une antériorité historique qui nous permettra d'examiner cette question.

I. — Les troubles monétaires de l'Entre-deux-guerres

Si l'argent était le nerf de la guerre, il va surtout devenir un facteur d'énervement pendant la paix, dans la perspective du retour à une monnaie forte. La réalisation de ce vœu s'avérera très difficile et placera les banques centrales au cœur du jeu politique avant que des réformes de structure du système bancaire ne viennent modifier le cadre de ces relations.

1. **Les nouvelles données du jeu politique et économique.** — La stabilisation est très difficile à cause des tensions économiques et sociales provoquées par la forte déflation indispensable à ce retour à la Belle Époque. La masse de papier-monnaie qui avait encore augmenté dans les années d'après-guerre est trop importante et elle favorise un phénomène nouveau, la spéculation sur les changes. Certes, celle-ci avait déjà existé dans le passé, notamment lors des crises du bimétallisme, mais pas avec l'ampleur que permet l'absence de référence fixe et stable à un métal et la grande quantité de monnaies nationales disponibles sur des marchés étrangers en raison des déficits de balances des payements dus à la guerre. De véritables batailles se déclenchent, des combats ont lieu avec des accents guerriers ou revanchards et les services secrets sont mis sur la piste des complots ou des actes antipatriotiques que commettraient les banques ou à la recherche des plans des offensives de l'ennemi contre la monnaie.

Dans cette guerre financière, les banques centrales sont bien entendu sollicitées pour apporter la garantie de leurs réserves d'or et de devises à une contre-attaque[1].

1. En Allemagne la liquidation du mark rongé par l'hyperinflation passe par la création le 15 octobre 1923 d'un nouvel institut d'émission, la *Deutsche Rentenbank*, qui émet une nouvelle monnaie fiduciaire, le *Ren-*

Elles sont aussi appelées à continuer de fournir des avances aux gouvernements dans des situations de déficit budgétaire qui perdurent. Les instituts d'émission ne répondent pas souvent de bonne grâce à ces demandes car la perspective d'un retour à la convertibilité les oblige à ménager leurs réserves et elles ne peuvent d'ailleurs pas toujours agir car les règles ordinaires de l'émission ont en principe repris leur cours. Certes, pour la France, le plafond d'émission est une limite assez élastique que le Parlement peut modifier, mais cela exige un débat public qui n'est pas jamais facile à mener avec des majorités instables et qui manque de toute façon de discrétion dans des situations où la valeur du franc est contestée.

Les gouverneurs ont alors une tâche très délicate vis-à-vis des politiques et toute leur expérience doit servir à appuyer leur autorité, spécialement dans les cas comme celui de la Banque de France où ils relèvent du gouvernement. Des contacts fréquents et difficiles s'établissent entre les hommes politiques, souvent parfaitement ignares en matière financière, et les techniciens.

Le gouverneur de la Banque de France Émile Moreau nous a laissé des souvenirs éclairants de ses rapports assez conflictuels avec les cabinets ministériels[1]. Il nous y donne en particulier un portrait de son homologue de Londres, Montagu Norman, qui adorait son établissement et lui aurait déclaré « La Banque d'Angleterre est mon unique maîtresse. Je ne pense qu'à elle et je lui ai voué ma vie. » Il est vrai qu'il bénéficiait de la faveur extraordinaire de voir son mandat

tenmark, gagé sur le patrimoine foncier, industriel et commercial du pays. Mais il s'agit d'une institution complémentaire de la *Reichsbank* qui achèvera la stabilisation au 30 août 1924 (North, 1994, 182).

1. É. Moreau, *Souvenirs d'un gouverneur de la Banque de France. Histoire de la stabilisation du franc (1926-1928)*, Paris, Génin, 1954, XVI + 626 p.

systématiquement renouvelé : la tradition d'une fonction de gouverneur limitée à deux ans avait déjà été aménagée pendant la durée de la guerre, mais Norman occupa le poste sans interruption de 1920 à 1944, ce qui contraste avec les changements fréquents que l'on a en France à cette époque. Il put ainsi acquérir une stature extraordinaire sur le plan national et international qu'il mit au service de la défense de la position dirigeante des banques centrales dans la réorganisation mondiale et il joua un grand rôle dans la mise au point d'institutions comme la Banque des règlements internationaux, que nous retrouverons. Quant à Hjalmar Schacht, le président de la *Reichsbank*, il fut surnommé *Generalgeldmarschall* pour bien marquer son commandement décisif dans la campagne de la stabilisation après l'hyperinflation, mais lui-même nous laissera les *Mémoires d'un magicien* ce qui est une autre qualification de son pouvoir formidable ! Enfin, on constate parfois que des banquiers accèdent à des fonctions ministérielles : ce fut le cas en Belgique d'Albert-Édouard Janssen, professeur d'économie et ancien gouverneur de la Banque nationale ou bien d'Émile Francqui, vice-président de la Société générale qui fut expressément chargé de la réorganisation financière en 1926. Plus tard Schacht détiendra aussi le portefeuille de l'économie, mais ce sera dans le cadre particulier du IIIe Reich.

En Europe, ces années 1920 sont donc un peu l'âge d'or des banquiers centraux, comme pour les autres banquiers, mais paradoxalement on remarque aussi un certain affaiblissement des institutions bancaires (Kurgan-van Henteryk, 1992, 330). En fait sur ce point, la situation est très contrastée et fortement évolutive. D'un côté, on constate un accroissement de la puissance de grandes banques privées, par suite de concentrations qui seront encore favorisées par les conséquences de la crise de 1929 ; de l'autre, on voit l'apparition de banques publiques ou parapubliques qui veulent offrir des solutions nouvelles aux problèmes de financement, en Allemagne, en Italie et surtout en France (H. Bonin, *in* Pohl, 1995, 376).

Pour les banques centrales, ce nouveau paysage a des conséquences variables. D'une part ces institutions publiques permettent une meilleure discipline du système où elles occupent des positions importantes, car leurs dirigeants sont pratiquement obligés de se plier aux directives de la politique économique. Mais d'autre part ces grands établissements publics et les grandes banques représentent des concurrents directs, même pour les activités traditionnelles de banquier du souverain exercées par les instituts d'émission, sauf en Grande-Bretagne où la position de la Banque d'Angleterre reste incontestée, grâce il est vrai à des mesures restreignant les concentrations, et en Italie où la banque centrale joua un rôle essentiel en 1930 dans le sauvetage des grandes banques placées en difficultés par la masse de leurs engagements dans l'industrie. Certes, le monopole de l'émission est maintenant bien établi, avec la disparition des derniers privilèges concurrents en dehors de quelques cas particuliers sans grande importance, mais il y a d'autres activités lucratives ou prestigieuses qui peuvent échapper aux banques centrales.

En Belgique, la Banque nationale, trop attachée à des conceptions traditionnelles et restreintes d'institut d'émission, a été pratiquement supplantée par la Société générale dans la conduite des négociations monétaires et de la politique de stabilisation. En 1926, le ministre Francqui, par ailleurs dirigeant de la Société générale, a fait consacrer cette situation par une réforme des statuts : avec la création d'un conseil de régence, il fait entrer les représentants des grandes banques commerciales dans les organes directeurs de la Banque nationale (Janssens, *in* Lévy-Leboyer, 1995,

261). En Allemagne et en France, en revanche, les instituts d'émission vont réagir en se battant sur le terrain commercial par le développement de leurs activités bancaires ordinaires. C'est spécialement le cas de la Banque de France qui multiplie les opérations d'escompte direct, en ne respectant pas toujours les règles statutaires, et les ouvertures de comptes par des clients rendus méfiants à l'égard des banques ordinaires. Ceci lui permet de maintenir une forte rentabilité mais entraîne de vives critiques des milieux bancaires victimes de ce qu'ils considèrent comme une concurrence déloyale[1].

Cette tactique a son intérêt patrimonial, mais elle affaiblit la position institutionnelle de la Banque qui est mal placée pour exercer des fonctions de surveillance ou de régulation sur des établissements dont elle est le concurrent et qui réagissent par des mesures de rétorsion en évitant d'utiliser son réescompte (Plessis, *in* Lévy-Leboyer, 1995, 276). De plus, elle range la Banque parmi les cibles des attaques politiques contre la haute finance, puisqu'elle ne s'en distingue guère. Quand la campagne de la gauche se déchaîne contre le pouvoir des « 200 familles » elle vise bien les liens qui unissent la haute finance et la Banque de France car ce chiffre est celui des membres de son Assemblée des actionnaires où, depuis 1800, seuls les 200 plus importants porteurs sont admis. Cette campagne va pousser à des réformes visant à écarter cette influence privée dans la banque centrale.

2. **Les réformes de structure.** — Si dans les années 1920, l'inspiration libérale a prédominé et a apporté des réformes dans ce sens, il n'en est plus de même dans la décennie suivante. Ainsi, en 1922 puis en 1924 les alliés firent reconnaître l'autonomie de la

1. Redon, Besnard, *op. cit.*, p. 43-44.

Reichsbank par rapport au gouvernement, sous l'influence du gouverneur de la Banque d'Angleterre Montagu Norman qui souhaitait écarter par ce biais les avances au Trésor, facteur d'inflation. En Belgique, comme nous l'avons vu, la Banque nationale est davantage liée aux banquiers par une réforme de 1926 et la même année en France, le gouverneur Moreau s'appuie sur les exemples anglais et américains pour demander des garanties d'inamovibilité. Mais après la grande crise des réformes vont nettement renforcer le contrôle public sur le système bancaire, sans même évoquer la situation particulière des pays à économie corporative comme l'Allemagne et l'Italie ou l'économie socialiste.

L'ampleur et la profondeur de la crise qui a frappé les banques européennes après 1929 a souvent dépassé les banques centrales qui ont réagi de manière trop partielle ou limitée et avec des moyens techniques comme le taux de l'escompte qui devenaient insuffisants. De toute façon, vu la dimension des dégâts c'était souvent l'État lui-même qui devait intervenir en dernier ressort par des garanties d'emprunt comme en Autriche (*Creditanstalt,* 1931) ou par des prises de participation. En Allemagne, l'État et la *Reichsbank* vont acquérir de 70 à 91 % du capital des grandes banques, mais c'était une mesure provisoire pour faciliter un retour à la normale.

Pour cette situation normale, beaucoup de pays vont se doter d'une nouvelle réglementation bancaire et d'organes de contrôle qui sont distincts de la banque centrale, ce qui témoigne d'une défiance incontestable. Des inspections ou des commissions de surveillance sont établies, soit comme services administratifs soit comme autorités autonomes et mettent l'institut d'émission un peu à l'écart. En France, quand la loi du 13 juin 1941 établit enfin des règles sur la profession de banquier, elle les confie à une

Commission de contrôle des banques présidée par le gouverneur de la Banque de France et relayée sur le terrain par l'action de ses inspecteurs. Mais à ce moment le statut de la Banque avait déjà évolué dans le sens d'une plus grande dépendance. En effet, si la loi du 24 juillet 1936 prise par le Front populaire n'a pas nationalisé le capital de la Banque de France, elle a pratiquement nationalisé sa direction. Le Conseil de régence, émanation de l'Assemblée, est supprimé et désormais le Conseil général regroupe, outre les gouverneurs et sous-gouverneurs et les trois censeurs élus par l'Assemblée, 20 conseillers dont 17 sont nommés par le gouvernement pour représenter les intérêts de la nation, les intérêts économiques et ceux des usagers de crédit ; deux seulement sont choisis par les actionnaires et un représente le personnel.

Même les États-Unis vont devoir poursuivre dans la voie de la réglementation, qui jusqu'à présent avait surtout des objectifs de lutte contre les trusts. Le *Federal Reserve System* n'avait pas été très efficace dans la gestion de la crise, en agissant à contretemps par suite d'appréciations erronées reposant sur la doctrine des *real bills*[1]. Lors de son entrée en fonction le 4 mars 1933, le président Roosevelt dut décréter un moratoire général des banques et il annonça une réforme législative qui fut réalisée en juin suivant avec le *Glass-Steagall Act*. Cette nouvelle loi bancaire établit des règles contraignantes de séparation des activités bancaires de crédit et d'investissement, elle fixe les rémunérations des comptes et crée une assurance fédérale des dépôts en généralisant une pratique locale apparue dans le cadre du *free banking*. Celle-ci est gérée par la *Federal Deposit Insurance Corporation,* organisme du Trésor qui va nécessairement avoir des activités de contrôle des règles prudentielles.

1. Intrator, *op. cit.*, p. 23-24.

Dans ces conditions, le *Federal Reserve System* est plus que jamais cantonné à des fonctions macro-économiques car la surveillance prudentielle des banques relève normalement du *Comptroller of the Currency*, de la FDIC ainsi que des autorités des États, selon les rattachements. Pour mieux exercer cette mission, le *Fed* connaît un certain nombre de réformes de structures, outre l'institution du monopole d'émission établi en 1935. Son comité de direction s'appelle désormais *Board of Governors* et il est composé de sept membres nommés pour la durée très longue de quatorze ans par le président des États-Unis. Ce comité décide du taux de l'escompte et des réserves obligatoires, mais pour les opérations sur le marché monétaire les décisions relèvent d'un *Federal Open Market Committee* composé des sept gouverneurs et de cinq présidents de banques de réserve, dont celui de New York. Enfin un *Federal Advisory Council* réunit à titre consultatif les représentants des 12 banques de réserve et favorise la coordination. Nous avons donc au total un ensemble qui combine le renforcement de l'autonomie du système et la concertation interne, en conformité avec les idées démocrates traditionnelles dans ce domaine.

Dans ce vaste mouvement de réorganisation, seule la Grande-Bretagne reste à l'écart en dehors de quelques détails qui ne touchent pas au statut de la banque centrale, mais pour peu de temps seulement car avec la guerre elle passera également au dirigisme.

II. — Les banques centrales soumises au dirigisme économique

Les doctrines qui vont donner un nouveau cours à l'histoire bancaire sont indiquées très exactement dans le compte rendu des projets de nationalisation du crédit donné le 27 novembre 1945 par *Le Monde* sous la signature de René Courtin : « Le principe de cette nationalisation se justifie aisément. Le droit de battre monnaie a toujours présenté un caractère régalien. Cependant, la constitution de dépôts dans les banques a donné naissance à une nouvelle monnaie, la monnaie scripturale. Il est normal que cette monnaie soit soumise, elle aussi, au contrôle de l'État. Enfin, le financement de la reconstruction pose de nouveaux problèmes qui doivent être résolus au plus tôt. Un immense effort de rééquipement s'impose aujourd'hui, qui ne doit pas seulement avoir pour objet de ramener notre production au niveau de 1939 ou même de 1930, mais qui doit faire de la France un grand pays moderne, marchant résolument dans la voie du progrès. Cette œuvre gigantesque ne peut être abandonnée aux initiatives privées. »

L'alliance de la tradition du contrôle régalien et de la nouveauté du dirigisme keynésien vont conduire à soumettre les banques en général et les banques centrales en particulier aux pouvoirs publics, considérés comme les meilleurs défenseurs de l'intérêt général. Cette soumission prendra concrètement la forme d'une nationalisation du capital de certaines banques qui étaient restées des sociétés privées : Banque de France en 1945, Banque d'Angleterre en 1946, Banque des Pays-Bas en 1948 et Banque nationale de Belgique la même année, mais seulement pour la moitié du capital.

Pour échapper à ce sort, la Banque de France avait essayé de prendre les devants en proposant sa transformation en une société d'économie mixte dirigée par des gouverneurs et sous-gouverneurs nommés pour cinq ans. Une fois de plus, elle essaye d'alléger la tutelle qui pèse sur elle depuis 1806, mais ce mandat fixe ne sera pas retenu, pas plus que l'idée d'une nationalisation partielle du capital (Plessis, *in* Lévy-Leboyer, 1995, 277).

Ce changement dans la propriété s'accompagne parfois de prescriptions plus directes comme en Grande-

Bretagne où la loi précise que la Banque d'Angleterre est soumise à l'autorité suprême du gouvernement pour la politique économique et monétaire et que le Trésor peut donner à la banque toutes directives qu'il estime conformes à l'intérêt public, ou en France où la politique générale du crédit relève désormais d'un nouvel organisme, le Conseil national du crédit. Néanmoins, la nationalisation respecte généralement les structures telles qu'elles s'étaient formées jusqu'à la guerre et elle ne représente ni une révolution ni une étatisation, les banques devant rester distinctes. Ainsi en France l'Institut d'émission conservera encore longtemps sa clientèle particulière et pratiquera l'escompte direct, bien que cette activité soit en régression.

Cette sorte de continuité est renforcée par des facteurs économiques ou sociologiques. D'une part la politique monétaire se situe de plus en plus dans un cadre international, avec un système de parités fixes, et le jeu ne peut intervenir qu'à la marge, dans une mesure limitée (Capie, *in* Lévy-Leboyer, 1995, 296). Ensuite, ce jeu exige des compétences techniques, surtout dans ce contexte international et l'appui du réseau informel des gouverneurs est très précieux. En fait, les contacts personnels entre les dirigeants des banques et les hauts fonctionnaires du Trésor étaient bien établis et en France, selon une tradition ancienne de l'inspection des Finances, il existait même des passages d'un cadre à l'autre. Cette connaissance mutuelle favorisait le respect réciproque, quel que soit le statut, dans un esprit de service public qui est la véritable garantie de l'indépendance morale des hauts fonctionnaires.

En Angleterre, le ministre travailliste des Finances, Sir Stafford Cripps, pouvait bien déclarer « La Banque d'Angleterre, ce n'est pas mon conseiller, c'est ma créature ! », comme le rapporte J.-P. Patat, dans la pratique on constate des relations moins brutales et une ambiance de collaboration et de concertation. Certains étaient bien conscients de ce risque de contournement des changements que la nationalisation devait normalement induire. Dès 1946, le ministre socialiste André Philip a préparé un nouveau projet de statuts destiné à « renforcer l'esprit dans lequel a été décidée la nationalisation de la Banque de France et (à) éviter que celle-ci ne soit tentée à l'avenir de continuer à mener une politique indépendante de celle du gouvernement », mais ce projet n'aboutit pas, pas plus que d'autres mesures allant dans le même sens (Plessis, *ibid.*). Ces conceptions idéologiques paraissaient déjà un peu décalées par rapport aux réalités qui privilégiaient l'indépendance. D'ailleurs à peine quelques années plus tard on trouvait chez les alliés les germes d'un statut exemplaire pour la Banque centrale allemande.

III. — La *Deutsche Bundesbank*, modèle d'une banque indépendante

La *Bundesbank* a joué ces dernières années le rôle de modèle exercé autrefois par la Banque d'Angleterre et ceci surtout depuis que le traité sur l'Union européenne de Maastricht a prévu que les banques centrales ne devaient pas solliciter ni accepter d'instructions des gouvernements. Le retour de cette très vieille préoccupation d'indépendance est lié à l'objectif de maintien de la stabilité des prix qui ne pourrait pas être atteint avec les contingences électorales de court terme. Selon l'idée commune, une banque centrale indépendante paraîtra crédible aux agents économiques et la politique anti-inflationniste aura des chances de succès (Dévoluy, 1996, 130).

Cependant l'histoire allemande fournit au moins un exemple contraire où une banque très indépendante a mené une politique complètement inflationniste au nom d'intérêts politiques supérieurs largement partagés par les responsables, ce qui permet de dire que lorsque le principe de l'inflation est généralement accepté, aucune norme sur le plan institutionnel ne peut en fin de compte constituer une aide (Lindenlaub, *in* Lévy-Leboyer, 1995, 311). Mais cet exemple est ancien car il s'agit de la *Reichsbank* en 1922 et 1923 et c'est précisément l'épisode dramatique de l'hyperinflation qui a enraciné un sentiment extrêmement puissant en faveur de la stabilité monétaire en Allemagne.

Ce vœu très profond de toute la population fut exaucé après une nouvelle catastrophe avec la réforme monétaire du 21 juin 1948 qui créa une nouvelle unité monétaire, le *Deutsche Mark.* En liaison étroite avec cette réforme, le système de la Banque centrale fut réorganisé par les alliés et la loi du 1er mars 1948 assignait à l'institution la tâche de « consolider la monnaie ainsi que le système monétaire et le crédit ».

Le nouveau système était très décentralisé, selon un modèle américain, et correspondait, sur le plan financier, à l'objectif politique de briser la puissance néfaste d'une concentration de pouvoir que l'on avait connue dans le Reich national-socialiste. Dans chaque *Land* fut créée une banque centrale *(Landeszentralbank)* dépendant de l'État régional. Ce réseau était coiffé par un organisme central, la *Bank deutscher Länder* qui jouait le rôle de prêteur en dernier ressort à l'égard des banques régionales, fixait une politique commune de crédit et disposait du monopole d'émission. Cette banque nationale était administrée par un Conseil central où siégeait chaque président de banque régionale (BRI, 1963, 49). Ces organes n'avaient selon la loi pas d'instructions à recevoir des autorités allemandes, mais c'était parce que les autorités d'occupation entendaient exercer un contrôle international. En 1951 les alliés renoncèrent à ce contrôle à condition que le législateur allemand fixe une nouvelle réglementation mais celui-ci écarta toute tutelle sur la *Bank deutscher Länder* et l'on retrouvera ce principe d'indépendance énoncé le 26 juillet 1957 dans la loi sur la *Deutsche Bundesbank.*

Le système à deux niveaux de 1948 avait été établi alors que les institutions politiques n'étaient pas encore fixées. Après création de la République fédérale allemande, il convenait de mettre l'institution en harmonie avec les structures, ce qui fut fait en 1957 par fusion des *Landeszentralbanken* avec la *Bank deutscher Länder* pour former une nouvelle personne morale de droit public, mais les premières subsistent en tant que structures administratives de la *Bundesbank.* Le capital de celle-ci appartient à l'État fédéral qui nomme la direction avec un long mandat de huit ans, mais la loi précise que ces dirigeants n'ont aucune instruction à recevoir du gouvernement. En fait, la Banque se présente comme une des autorités suprêmes de l'État fédéral, un élément à part de l'exécutif responsable autonome de la politique de la monnaie et du crédit. Certes, des dispositifs de communication sont prévus, et même un veto gouvernemental suspensif, mais ils ne jouent pas formellement et l'on constate une pratique de consensus.

Ce statut d'indépendance est ordonné à la « sauvegarde de la monnaie » qui est la mission impartie par la loi à la *Bundesbank.* On a pu se demander si cela correspondait exactement à l'objectif de stabilité des prix à l'honneur dans la construction européenne. Littéralement ce n'est bien sûr pas le cas, mais une analyse de la pratique montre clairement que cette indépendance a été utilisée pour lutter contre l'inflation (Lindenlaub, *ibid.*, 305). Et c'est bien ainsi que la Banque a pu s'enraciner profondément dans l'opinion allemande qui ne pourra y renoncer au profit d'une banque supranationale qu'à condition d'y retrouver son image le plus fidèlement possible.

Chapitre IV

LES BANQUES CENTRALES SUPRANATIONALES

La constitution d'une banque centrale en dehors du cadre national des États est une idée qui commencera bientôt à connaître sa première réalisation complète avec la Banque centrale européenne, après avoir cheminé pendant plus d'un siècle depuis le premier projet publié, et connu des réalisations partielles déjà très intéressantes, avec la Banque des règlements internationaux, le Fonds monétaire international ou certaines banques de la zone franc.

I. — La Banque centrale universelle : un projet séculaire

En effet c'est en 1895 que Raphaël-Georges Lévy publia dans les *Annales* de l'École libre des sciences politiques, où il enseignait, un petit article intitulé « L'Union monétaire au moyen d'une banque centrale universelle » (p. 50-61). Cependant ce centenaire est passé inaperçu malgré notre goût national pour les commémorations et malgré l'intensité des débats monétaires de nos dernières années.

Il est vrai que son projet peut passer pour relativement modeste. Il s'agissait seulement, en apparence, de créer une sorte de chambre de compensation pour faciliter les règlements internationaux. Cet établissement serait installé dans un pays neutre, à Berne par exemple, et aurait des succursales dans tous les pays. Il émettrait des billets remboursables en or en contrepartie de dépôts d'or dans ses caisses. Ces coupures porteraient l'indication de leur valeur dans les unités de compte des différents pays et on pourrait les utiliser au lieu d'envoyer du métal en barres ou en pièces. Outre leur commodité ces billets éviteraient les effets des « points d'or », les variations de change liés aux coûts de transport et d'assurance des espèces.

Le projet paraît ainsi cantonné à quelques aspects techniques. Pourtant, la nouvelle monnaie commune préconisée par R. G. Lévy est très moderne pour l'époque car elle doit être représentée par des billets. Jusque-là les projets de monnaie universelle n'avaient pas manqué, mais ils reposaient tous sur la monnaie métallique. De plus, si l'on connaissait déjà des unions monétaires (Conventions de Dresde et de Vienne pour le monde germanique, Union latine, Union scandinave), aucune n'avait un émetteur unique ou commun et elles fonctionnaient sur la base d'une intercirculation des espèces nationales. Ici nous avons un nouvel émetteur qui est même qualifié de Banque centrale universelle.

Certes, la base du système reste métallique : les billets correspondent strictement à des dépôts d'or, ou éventuellement d'argent, et ils sont librement convertibles. Mais en faisant remarquer incidemment qu'aux États-Unis, où « l'échange se fait à guichets ouverts, les dollars de papier restent tous dans la circulation », notre auteur dévoile son souci de développer l'émission au-delà des réserves. Et en ajoutant que les billets internationaux pourraient servir de couverture aux émissions nationales, il établit les bases d'un système d'étalon de change-or.

En fait, sa banque permet de mettre en commun des réserves métalliques que les différents pays conservent jalousement parce qu'elles sont trop rares, ce qui conduit à des situations déflationnistes, voire à des « famines monétaires ». C'est d'ailleurs à cette époque que les débats politiques autour de l'émission faisaient rage aux États-Unis. Ils atteindront leur paroxysme en 1896 dans la campagne de l'argentiste Bryan contre Mac Kinley, mais en mai 1894 le pays avait déjà connu des luttes sociales intenses où la question monétaire jouait un rôle important : une marche de chômeurs sur Washington avait réclamé pas moins de 500 millions de dollars d'émission, soit 50 % de l'existant !

R. G. Lévy aura par la suite l'occasion de défendre à plusieurs reprises ses idées, avec tout le prestige de son rang de sénateur. Elles seront également présentées sous des formes voisines par l'italien Luigi Luzatti à partir de 1907. Nous nous trouvons ici aux origines d'institutions comme la Banque des règlements internationaux ou le Fonds monétaire international, mais en revendiquant l'appellation de banque centrale, notre auteur laissait entendre qu'il s'agissait d'aller plus loin qu'une simple coopération technique et visait une maîtrise de l'émission. Ces questions et en particulier celle du manque de réserves se poseront avec une acuité particulière après la première guerre mondiale.

II. — Les projets de l'Entre-deux-guerres

Dès la fin de la guerre de 14-18 beaucoup de discussions vont se centrer sur le système monétaire international et certains proposeront de créer de nouvelles institutions financières. Cet engouement était aisément compréhensible : avec la guerre, la stabilité relative et les facilités de change apportées par l'étalon-or avaient complètement disparus, d'autant plus que l'éclatement des grands empires s'était traduit par une multiplication des frontières et des nouvelles monnaies qui, même faibles et fragiles, devaient contribuer à l'affirmation des identités nationales. Il s'agissait de favoriser la reprise des échanges internationaux, paralysés par ces frontières mais aussi par l'absence de moyens de règlements valables car l'utilisation massive de la planche à billets avait conduit à l'affaiblissement marqué de nombreuses monnaies.

De nombreux auteurs et plusieurs rapports présentés dans le cadre de conférences internationales à Bruxelles et Amsterdam en 1920 et à Gênes en 1922 vont aborder deux thèmes voisins : la définition d'une nouvelle unité monétaire universelle et la création d'un institut d'émission susceptible de répondre aux besoins du commerce[1]. Sur ce dernier point, nous n'avons souvent que des indications générales sans trop de précision sur les structures, mais dans l'ensemble on paraissait s'orienter vers le principe d'une banque privée, constituée sous la forme d'une société commerciale. La coopération interétatique était pourtant développée au même moment avec la Société des nations ou l'Organisation internationale du travail, mais l'on préférait s'appuyer sur la tradition en usage pour les instituts

1. J.-M. Thiveaud, Monnaie universelle, unique, unitaire, cosmopolite, internationale... Petite anthologie de quelques siècles de projets monétaires entre utopie et réalité, *Revue d'économie financière,* n° 36, printemps 1996, p. 48-50.

d'émission nationaux tout en se souvenant du rôle bénéfique joué par les monnaies privées (monnaies de foire ou de banque) dans les échanges lors des époques troublées des XVe et XVIe siècles : après la guerre, les États étaient tous trop encombrés de dettes à régler ou de créances à recouvrer pour qu'on puisse leur accorder une vertu stabilisatrice. De plus, une banque privée paraissait plus facile à créer, sans négociations politiques ardues.

Cependant, quel que soit le statut, public ou privé, de cet institut, on se heurtait immanquablement au même problème : la constitution de réserves permettant de gager les émissions de billets. Car il ne faut pas oublier que l'on avait vécu jusqu'en 1914 sur le principe de la libre convertibilité des billets et que l'on souhaitait y revenir le plus rapidement possible. C'est précisément l'absence de convertibilité qui entravait les échanges internationaux et cette nouvelle monnaie que l'on cherchait devait offrir cette garantie de valeur que l'on avait naguère avec l'or. Le plus simple semblait d'emprunter cet or aux États-Unis pour constituer une « Banque de réserve or des États-Unis d'Europe », comme le préconisait Franck-A. Vanderlip, mais vu le montant très élevé des dettes interalliées cette voie risquait fort d'être tout à fait illusoire. L'imagination des financiers a alors suggéré d'autres réserves : l'argent, qui avait retrouvé un cours intéressant après avoir été très déprécié avant la guerre, le platine, les biens immobiliers, l'ensemble du capital des membres ou bien même des marchandises car les matières premières étaient parfois très convoitées.

Ces pistes nouvelles resteront inexplorées car à la Conférence de Gênes, réunie au printemps 1922, la Grande-Bretagne défendra la solution d'un étalon de change-or qui présentait le caractère rassurant d'une voie bien connue. En fait, avant 1914 un quart des réserves était déjà constitué de devises et il suffisait de généraliser cette pratique pour accroître la masse globale de réserves disponibles pour les banques centrales. Les petits pays utiliseraient ainsi les devises des grands pays garanties par l'or. Par ailleurs, les « pays centres », détenteurs d'or, devraient coopérer pour éviter des fluctuations du métal jaune et dans ce but un accord devrait être conclu entre banques centrales. Mais celui-ci ne sera jamais conclu d'une manière générale et l'on se contentera de réunions informelles entre gouverneurs ou bien de conventions plus limitées et tardives (Kindleberger, 1990, 454).

La pratique semblait suffisante et, renforcée par des solidarités politiques ou coloniales, elle aboutit assez bien à la constitution de blocs ou zones monétaires, notamment autour de la livre sterling ou bien du franc. Mais l'ensemble était tout de même assez fragile et le problème des échanges entre zones restait entier, à cause des dévaluations, des contrôles des changes et des accords commerciaux préférentiels. Ces difficultés étaient déjà perceptibles dès la fin des années 1920, avant même que ces zones monétaires soient clairement définies comme elles le seront à partir des Conférences d'Ottawa de 1932 ou de Londres en 1933. C'est pourquoi les idées de l'immédiat après-guerre en faveur d'un institut international d'émission retrouvèrent un certain intérêt, en liaison avec un renforcement de l'idée européenne[1].

Les discussions de 1928 ou 1929 pouvaient aussi s'appuyer sur une ressource nouvelle pour ces fameuses réserves tant recherchées : les créances détenues par les alliés sur l'Allemagne au titre des réparations de guerre. A vrai dire on avait déjà songé à ces

1. P. Mendès France, *La Banque internationale. Contribution à l'étude du problème des États-Unis d'Europe,* Paris, Valois, 1930, 292 p. ; M. Bassoni, A. Beitone, *Problèmes monétaires internationaux,* Paris, Colin, 2e éd., 1994, p. 71.

réparations dès 1920 car le principe en avait été arrêté par le traité de paix de Versailles l'année précédente et un plan belge présenté par Léon Delacroix et le baron Decamps leur accordait une place fondamentale dans la constitution d'un grand institut monétaire international. Mais le montant de ces réparations était encore incertain et certains comme Keynes mettaient en doute la perspective de créances énormes. En 1920 il n'y eut donc pas moyen de s'entendre sur la substitution partielle de cet instrument de réserve moderne à l'or, relique barbare! Mais depuis l'on fixa exactement le montant de ces réparations à 132 milliards de marks-or. C'était moins de la moitié des prétentions alliées mais tout de même deux fois et demie le revenu national allemand. Cette somme considérable devait être versée en plusieurs décennies, ce qui nécessitait des solutions pour la mobilisation de cette créance par les alliés et c'est sur cette base que l'on se mit à construire la BRI.

III. — La Banque des règlements internationaux

C'est une convention internationale signée à La Haye le 20 janvier 1930, puis un accord entre banques centrales qui donnèrent naissance à cette nouvelle institution dans le cadre du « Plan Young » de solution de la question des réparations allemandes[1].

Le plan Young, discuté en 1929 à la suite du plan Dawes, a redéfini les annuités avec une baisse de 17 %, mais il a surtout fixé les nouvelles modalités de règlement des réparations. Le plan Dawes de 1924

1. G. U. Papi, *The First twenty years of the Bank for International Settlements,* Rome, 1951 ; R. Auboin, *La Banque des règlements internationaux (1930-1955),* Bâle, 1955, 40 p. ; G. Guindey, La Banque des règlements internationaux, hier et aujourd'hui, *Revue d'économie politique,* n° 6, novembre 1960, p. 37-57.

avait affecté aux réparations certaines ressources fiscales ainsi que les recettes des chemins de fer et des grandes entreprises, ce qui conférait à la Commission des réparations, installée à Berlin, un contrôle direct sur l'économie allemande, source de mécontentement politique. Désormais l'Allemagne retrouve son autonomie : les règlements seront versés directement à ce nouvel établissement par le Trésor, les différends éventuels étant tranchés par la Cour permanente de justice internationale.

La Banque des règlements internationaux a donc d'emblée un caractère essentiellement privé : c'est une société par actions au capital de 500 millions de francs-or. Ces actions pouvaient être souscrites par les banques fondatrices ou bien offertes par celles-ci sur leurs marchés respectifs, les droits de vote étant cependant conservés par les instituts d'émission qui doivent agréer les acquéreurs. De fait, on verra environ trois quarts des actions dans les mains des banques centrales mais ceci ne change rien au caractère privé du fonctionnement de la BRI car les instituts d'émission sont alors pour la plupart sous statut privé.

Bien sûr, pour lui permettre de jouer son rôle international, elle bénéficie de certaines immunités fixées par les Accords de la Haye et des traités ultérieurs avec d'autres pays. Le siège de la Banque est installé en Suisse, à Bâle. Ce choix a été dicté par la neutralité helvétique mais plus encore par la situation géographique de la ville qui était très bien desservie par des relations ferroviaires, ce qui pouvait faciliter considérablement l'accomplissement des missions de la BRI. On retrouve ainsi ce principe de « centralité » que nous avions déjà rencontré pour la constitution du système fédéral de réserve américain.

D'après l'article 3 de ses statuts, la Banque a pour objet « de favoriser la coopération des banques centrales et de fournir des facilités additionnelles pour les opérations financières internationales ; et d'agir comme mandataire *trustee* ou comme agent en ce qui concerne les règlements financiers internationaux qui lui sont confiés ». Dans ce cadre, sa première mission concernait bien évidemment la réalisation du plan Young de règlement des réparations (art. 4). Ainsi, la BRI devait recevoir les annuités versées par l'Allemagne, les répartir et les mobiliser partiellement par l'émission d'emprunts internationaux. Elle devait également faciliter le financement des exportations allemandes et placer une partie de ses avoirs en Allemagne.

Cette mission de « commercialisation » des réparations correspondait bien aux projets discutés depuis les lendemains de la guerre et justifiait principalement le caractère privé que devait avoir la Banque. Mais après à peine un an d'activité cette fonction disparut ! En effet, en juillet 1931 le moratoire Hoover suspendit le payement des réparations et la Conférence de Lausanne de juin 1932 aboutit à l'annulation du plan Young. La BRI va cependant subsister et pas seulement pour gérer les placements bloqués en Allemagne. En effet, elle aura dès lors pleinement son caractère de « banque des banques centrales », dans une période monétaire particulièrement troublée. Pierre Mendès France avait parfaitement envisagé cette évolution dès 1930 quand il dénonçait l'opinion réductrice du ministre des finances Chéron qui estimait que la BRI ne faisait que se situer dans une vieille tradition selon laquelle depuis le Moyen Age les guerres ont toujours été liquidées par les banquiers. Pour le jeune spécialiste des finances qu'était alors Mendès France, la BRI est au contraire tout à fait révolutionnaire : « Pour la première fois, écrit-il, une étroite association des banques d'émission continentales est créée officiellement et on lui confie une tâche qui dépasse largement la liquidation de la guerre, puisqu'elle subsistera plus tard, alors que dettes interalliées et réparations auront pris la place qui leur revient – au rayon poussiéreux et encombré des illusions perdues. »[1]

Dès les années 1930 la BRI se distinguera effectivement par la qualité de ses études économiques et financières et elle offrira un lieu de rencontres régulières pour les responsables des politiques monétaires, à l'occasion des réunions mensuelles de son Conseil d'administration. Mais ce « Club de gouverneurs » faisait l'objet d'attentes plus précises des opinions publiques qui souhaitaient en faire un organe de gestion des changes et de maintien des parités, voire un institut capable de fournir le financement nécessaire à une relance du commerce international dans le cadre d'un accord de *clearing* multilatéral. Pour Mendès France elle peut se présenter comme un élément essentiel de la construction européenne, ce que l'on verra effectivement avec l'Union européenne de payements en 1950, le Fonds européen de coopération monétaire (FECOM) en 1972 ou les réunions de gouverneurs de banques centrales européennes, tous gérés ou situés à Bâle. L'efficacité de ces services et l'ampleur des réalisations vont conduire progressivement à des adhésions nouvelles ou bien à l'utilisation de la BRI comme modèle pour des projets de coopération, par exemple encore récemment en Asie.

Mais dans les années 1930 la BRI ne fit rien de tel, non pas parce que ses statuts lui interdisaient strictement l'émission de billets ou les avances aux gouvernements, mais surtout parce que ses ressources avaient été très nettement réduites et que la prudence exigeait le maintien de la plus grande liquidité possible. Il est vrai que les tensions politiques de plus en plus nettes au cours de la décennie justifiaient également un repli sur le caractère strictement technique de l'institution. Dans cette perspective, la BRI contri-

1. Mendès France, *op. cit.*, p. 8.

bua à la mise en place d'une dizaine de crédits commerciaux au profit de banques centrales et de « comptes bancaires en poids d'or » qui facilitaient les transferts internationaux, notamment entre administrations postales.

Cette prudence fut évidemment plus que jamais de mise après le début de la guerre. La Banque réduisit volontairement ses activités et s'efforça de respecter la plus grande neutralité possible, en prenant toutes les mesures conservatoires nécessaires face à l'évolution des situations entre les belligérants qui étaient aussi des actionnaires ou des clients. Dans son champ d'activité, ces situations pouvaient d'ailleurs être assez complexes : en cas d'occupation militaire, une banque centrale pouvait être contrôlée par l'ennemi pour une partie de son réseau, tandis que la direction demeurait libre. Les réserves monétaires, quand elles n'avaient pas été mises en lieu sûr dès 1939 par l'intermédiaire de la BRI, étaient l'objet de convoitises, mais aussi de préoccupations de la part de gouvernements en exil. C'est ainsi que la Banque prit un soin particulier à noter les origines des barres d'or reçues pendant la guerre, spécialement celles versées par la *Reichsbank* en règlement des intérêts des placements, pour pouvoir ensuite restituer facilement l'or qui aurait été spolié. Sur le plan comptable, cette attitude fut hautement profitable, mais la discrétion exemplaire de la BRI faillit lui coûter son existence ! En effet, la Conférence de Bretton Woods, réunie en juillet 1944 pour examiner le nouvel ordre financier d'après-guerre, recommanda tout simplement la liquidation de la Banque. Mais la fin de la guerre permit à la BRI de mieux faire connaître son rôle et de montrer qu'elle avait une place dans ce monde nouveau et dès 1946 elle sut mettre sa technicité bancaire au service des premières opérations des institutions issues de cette Conférence de Bretton Woods.

IV. — Le Fonds monétaire international

Comme la BRI, le FMI trouve à son origine des idées favorables à une banque centrale universelle mais là aussi on n'aboutira pas entièrement. En un peu plus de cinquante ans d'histoire, le FMI a connu deux époques bien distinctes où l'on trouve toutefois les éléments caractéristiques des banques centrales, en relation avec l'évolution de la monnaie. Il a d'abord fonctionné sur la base de principes classiques définis après-guerre, puis il a dû s'adapter à la disparition des parités fixes dans un monde qui retrouvait des tensions économiques très graves.

1. **La Conférence de Bretton Woods.** — Les discussions tenues à Bretton Woods (New Hampshire, États-Unis) entre 45 pays, du 1er au 22 juillet 1944, sont l'aboutissement de réflexions menées dès les premiers jours de la guerre. L'éclatement du conflit a montré de façon dramatique les conséquences possibles d'une désorganisation et d'une crise persistante. Les buts de guerre devaient inclure la réalisation d'un monde meilleur pour éviter le retour rapide d'un conflit général, comme après la première guerre mondiale. Les travaux de Beveridge sur la protection sociale et l'État providence ont leur pendant sur le plan monétaire, avec notamment les importantes contributions de Keynes qui envoya dès les premières semaines de la guerre un mémorandum au président Roosevelt[1].

J.-M. Keynes publia par la suite, en 1941 et 1942, son plan pour une union internationale de compensation *(clearing)* qui se présentait comme une banque

1. N. K. Humphreys, *Historical Dictionary of the International Monetary Fund,* Londres, Metuchen, 1993 ; T. Walrafen (dir.), Bretton Woods. Mélanges pour un cinquantenaire, *Revue d'économie financière,* numéro hors série, 1994, 600 p. ; H. James, *International Monetary Cooperation Since Bretton Woods,* Washington, IMF, 1996.

centrale internationale au service des banques centrales nationales qui pouvaient tirer des *bancors* sur leurs comptes pour équilibrer leurs balances des payements. Ce bancor était une nouvelle monnaie internationale à parité or qui devait servir à fixer les taux de change, ceux-ci ne pouvant plus être modifiés unilatéralement. Un autre plan fut publié en même temps aux États-Unis sous l'autorité du secrétaire au Trésor Henry Morgenthau. Il avait été rédigé par son proche collaborateur Harry Dexter White et sera connu sous le nom de ce dernier. Il préconisait la constitution dans le cadre des Nations Unies d'un fonds de stabilisation accompagné d'une banque pour le financement de la reconstruction. La grande différence entre les deux plans résidait dans le fait que Keynes envisageait une expansion éventuelle des crédits, tandis que White préconisait un mécanisme beaucoup plus rigide avec seulement des avances à court terme pour remédier à des déséquilibres temporaires. Ces deux plans furent largement débattus dans le monde entier et suscitèrent d'autres contributions privées ou officielles qui formèrent toute la base des discussions de la Conférence internationale monétaire et financière convoquée à Bretton Woods le 1er juillet 1944. Ces discussions se prolongèrent plus que prévu mais l'on aboutit tout de même à la signature d'un acte final où l'on retrouvait surtout les conceptions du plan White, mais les idées de Keynes connaîtront une application beaucoup plus tard quand les besoins de crédits seront nettement plus sensibles.

2. **Les débuts du FMI**. — Les fondateurs du Fonds monétaire international voulaient établir un système international ouvert et stable avec une convertibilité des monnaies, liées entre elles par des taux de change fixes et débarrassées des pratiques nuisibles des contrôles des changes ou des dévaluations compéti-

tives qui aboutissaient surtout à appauvrir le voisin. Dans cette perspective, les membres du Fonds doivent fixer la parité de leur monnaie en or ou en dollars des États-Unis et s'interdire de la modifier, sauf pour corriger un déséquilibre fondamental et après consultation du Fonds. En contrepartie les membres peuvent obtenir, dans des limites précises, des devises pour remédier à des problèmes de change. Ces attributions dépendent des quotes-parts (ou quotas) affectées à chaque pays qui sont la base des relations des membres avec le FMI : elles déterminent le montant de la souscription au capital mais bien entendu également les droits de vote.

D'après l'article 1er de ses statuts, le Fonds a aussi pour objet, en dehors des questions purement monétaires, « de faciliter l'expansion et l'accroissement équilibré du commerce international et contribuer par là à l'augmentation et au maintien de hauts niveaux d'emploi et de revenu véritable et au développement des biens de production de tous les membres ». Pour cet objectif ambitieux de plein emploi, véritable base du bonheur universel recherché pour l'après-guerre, le FMI n'est pas seul. La Conférence de Bretton Woods a fondé une organisation jumelle : la Banque mondiale, dont la mission est clairement indiquée par son appellation officielle de « Banque internationale de reconstruction et de développement économique ». Par ailleurs, des discussions parallèles sont organisées en vue de la création d'une Organisation mondiale du commerce.

Le Fonds commença ses opérations financières le 1er mars 1947. Il comprenait alors 39 membres et le premier crédit fut accordé à la France dès le 8 mai. Mais la France sera aussi le premier pays à subir une sanction en 1948 pour avoir instauré un double marché des changes. Cette volonté du FMI de maintenir fermement les principes d'une liberté des échanges sera récompensée par le démantèlement progressif des restrictions et le 29 décembre 1958 le succès couronnera cette politique avec le retour à la convertibilité internationale décidée par quatorze États européens.

L'activité du FMI a été un élément important dans le développement extraordinaire de l'économie mondiale dans les années d'après-guerre. Il s'est préoccupé d'accompagner cette croissance en fournissant les moyens financiers nécessaires. Ainsi après avoir accru les quotes-parts en 1959, le FMI a également conclu en 1960 des « Accords généraux d'emprunts » avec le Groupe des dix pays les plus industrialisés pour se procurer des ressources supplémentaires. Mais c'est surtout le Premier amendement aux statuts qui va apporter un grand changement en 1969 avec la création des « Droits de tirage spéciaux » (DTS). Il s'agit d'un nouvel instrument de réserve, en complément des avoirs en or et en devises, mais il est utilisable comme moyen de payement international par les membres pour résoudre leurs problèmes de balance. D'une certaine façon nous avons là une nouvelle monnaie internationale qui fait penser au *bancor* de Keynes. Bien qu'ils ne correspondent pas à de nouvelles réserves d'or, la valeur unitaire de ces DTS a été définie par un poids d'or : 0,888671 g de fin, ce qui équivalait au dollar. Mais cette équivalence va être rapidement bouleversée car dès le début des années 1970 le système des parités or sera en crise.

3. **Le FMI dans le « non-système » monétaire international.** — Le rôle fondamental du dollar se trouvait confirmé au moment même où la monnaie américaine était victime d'une crise de confiance provenant de la persistance de déséquilibres budgétaires très importants. Cette crise a conduit les États-Unis à suspendre la convertibilité de sa monnaie le 15 août 1971 et le système de Bretton Woods perdit ainsi un de ses

piliers. Le FMI essaya néanmoins de maintenir un système de parités fixes, avec des variations maximales de 2,25 % en plus ou en moins par rapport à un cours pivot (Accord du *Smithsonian Institute*). Mais les travaux du Comité spécial constitué pour l'étude de la réforme du système monétaire international (Comité des vingt) ne déboucheront que sur des adaptations relativement mineures. En 1974, le FMI adopte de nouvelles règles de calcul de la valeur des DTS qui ont un rôle accru d'unité de compte : cette valeur est désormais fixée par rapport à un panier de devises (d'abord seize puis cinq) et ainsi les changes sont devenus flottants.

Dans ces conditions, nous avons un « non-système » international, selon l'analyse critique d'un groupe d'experts, le Comité de Bretton Woods présidé par Paul Volcker, qui plaide pour des réformes majeures. L'on s'interrogeait sur l'utilité du FMI après son premier quart de siècle d'existence. Mais vingt-cinq ans plus tard, l'intérêt de l'institution est déjà démontré par le fait qu'elle a presque doublé depuis le nombre de ses membres qui sont maintenant 182.

Son utilité a été confirmée par la crise internationale déclenchée par le « choc pétrolier » de 1973. La brusque flambée des cours du pétrole a été un des éléments qui vont provoquer des déséquilibres massifs dans les économies nationales, avec une forte inflation et des taux de chômage élevés, ainsi que dans les payements internationaux. Ceux-ci vont surtout souffrir de la crise de la dette sensible à partir du début des années 1980 quand de nombreux pays qui avaient eu recours à des crédits commerciaux vont se trouver en défaillance. Le besoin d'un « prêteur en dernier ressort » international se fait alors fortement sentir. Sans aller jusqu'à jouer directement ce rôle, le FMI va devoir intervenir à de très nombreuses reprises en développant son activité de prêts à court terme, pour soutenir des programmes d'ajustement structurels, en liaison avec la Banque mondiale plutôt orientée sur le long terme. Mais il va devenir alors la cible de critiques radicales et virulentes qui lui reprochent de conditionner son aide à l'adoption de réformes économiques libérales qui ont des effets sociaux dramatiques, en raison des fortes déflations souvent nécessaires au retour à l'équilibre[1].

Le caractère désormais universel du FMI lui donne une grande force mais en même temps limite ses capacités d'évolution car une intégration monétaire plus poussée est quasi impossible à réaliser avec des membres très différents à beaucoup de points de vue. Pour cela les initiatives régionales ou partielles demeurent décisives, que ce soit dans les pays industrialisés avec la coopération engagée au sein du Comité de Bâle pour la définition de normes prudentielles ou bien dans des pays en voie de développement, comme avec la « zone franc » en Afrique.

V. — Le Comité de Bâle

Dans l'histoire du FMI, les pays les plus industrialisés ont une place particulière en raison de leur poids. Cette situation se traduit parfois par des responsabilités de fait, comme lors de leur mise à contribution pour la constitution de réserves supplémentaires dans les années 1960 avec les Accords généraux d'emprunt, mais elle se manifeste aussi par une influence considérable sur les principales décisions. Pour favoriser celles-ci des groupes plus ou moins informels se sont constitués à certaines occasions, avec des géométries variables. On connait ainsi les Groupes des cinq, des sept ou des dix, auxquels ont répondus parfois des Groupes des neuf, des vingt-quatre, trente et un ou soixante-dix-sept constitués par les pays en voie de développement pour mieux défendre leurs positions. Ces regroupements intervenaient pour un problème précis ou à l'occasion d'une crise mais l'habitude de la concertation et le souci d'efficacité ont conduit dans certains cas

1. M. Lelart, *Le Fonds monétaire international,* Paris, « Que sais-je ? », n° 2617, 2e éd., 1995 ; J. Rivoire, *Le système financier international,* Paris, « Que sais-je ? », n° 2490, 2e éd., 1993.

à une pérennité avec des réunions plus ou moins régulières dont le meilleur exemple est le G7 avec ses « sommets » annuels (C. F. Bergsten, *in* Palgrave, 1992, 2, 289).

Le premier de ces comités de pilotage fut le Groupe des dix constitué en 1962 par les dix pays qui avaient pu répondre aux sollicitations du FMI pour les Accords généraux d'emprunts : Allemagne fédérale, Belgique, Canada, États-Unis, France, Italie, Japon, Pays-Bas, Royaume-Uni et Suède, auxquels s'était ajoutée la Suisse qui ne faisait pas partie alors du Fonds. Ensuite ce G10 a mené une série d'études et de travaux qui ont conduit à l'adoption des DTS ou qui ont essayé de maintenir les parités fixes dans les turbulences du début des années 1970. C'est précisément en 1974 que les pays industrialisés, déjà ébranlés par la fin des principes de Bretton Woods puis par le « choc pétrolier », ont été confrontés à un problème plus spécifiquement bancaire : les répercussions internationales des défaillances de banques engagées dans des opérations spéculatives sur les devises. En juin 1974, la *Herstatt Bank* de Cologne et la *Franklin National Bank* de New York sont obligées de fermer leurs portes et on s'aperçoit que la chute d'établissements de taille moyenne peut entraîner des conséquences importantes à cause des masses de capitaux en jeu dans ces mouvements spéculatifs. De plus, ces mouvements internationaux échappent à la supervision des autorités monétaires nationales et, de même, les garanties habituelles ne jouent que dans ce cadre national ce qui laisse sans recours et sans possibilité de recouvrer leur créances ou leurs dépôts la plupart des partenaires des banques en cause.

Les gouverneurs des banques centrales des pays du G10 vont alors s'atteler à l'étude de ce problème qui allait devenir nécessairement de plus en plus fréquent avec le développement de la spéculation. La plupart avait déjà constitué de fait depuis 1961 un « Club de Bâle » qui se réunissait lors de certaines crises et mettait en place des crédits ou des accords d'échange de devises ou *swaps* pour permettre aux pays dont la monnaie était attaquée par la spéculation de contrer celle-ci. L'efficacité de ce prêteur en dernier ressort a été remarquable du temps des parités fixes, mais après 1973 il s'avérait que les montants nécessaires étaient de plus en plus importants (Kindleberger, 1994, 255-260).

Quoiqu'il en soit, il a paru indispensable d'aller au-delà de ces réponses instantanées à des opérations spéculatives et de fixer des normes qui permettraient d'éviter la répétition de graves défaillances ou, au moins de mieux gérer ces crises. Ces normes concernaient aussi bien la forme en visant à définir les autorités chargées de la surveillance des succursales étrangères qui risquaient d'échapper à tout contrôle, que le fond en précisant des règles prudentielles et des ratios de couverture par exemple.

C'est ainsi que fut constitué auprès de la BRI à Bâle un Comité des règles et pratiques bancaires, connu plus tard comme le Comité de Bâle sur la surveillance bancaire ou encore « Comité Cooke » car il fut présidé de 1977 à 1988 par Peter Cooke, directeur à la Banque d'Angleterre. Chaque pays est représenté par des cadres ou hauts fonctionnaires de sa banque centrale et de son autorité de surveillance bancaire dans le cas où celle-ci serait distincte.

Plutôt que de recourir à la négociation de traités multilatéraux, le Comité a préféré la voie des arrangements informels. Ainsi dès sa première année de fonctionnement il a produit en 1975 ce que l'on a appelé le « Concordat de Bâle » et qui était un recueil de principes sur la surveillance des succursales bancaires étrangères, qu'il a fallu réviser en 1983 après que la faillite de la filiale luxembourgeoise du *Banco Ambrosiano* ait montré des problèmes nouveaux avec des établissements juridiquement indépendants. Ont suivi bien d'autres arrangements et protocoles d'accord sur des questions importantes comme le montant du capital des banques ou bien les critères d'appréciation des engagements et des risques, que l'on connaîtra sous le nom de « ratios Cooke » (P. C. Hayward, *in* Palgrave, 1992, 1, 185).

La force des décisions du Comité réside donc dans leur qualité technique et dans l'influence générale qu'exercent les pays membres du G10 sur les échanges internationaux. Ainsi, même sans valeur juridique contraignante, les nouvelles normes peuvent s'imposer au sein du G10 et bien au-delà, parmi les pays émergents ou en voie de développement qui ont tous un intérêt à une meilleure régulation dans le cadre de la mondialisation de l'économie en général et de l'intermédiation financière en particulier. Par ailleurs, certains membres du G10 exercent une sorte de tutelle sur des zones monétaires assez étendues et plus ou moins structurées. C'est notamment le cas de la France pour la zone franc.

VI. — Les banques centrales africaines de la « zone franc »

Cette zone monétaire représente un ensemble complexe d'institutions et de pratiques qui comprend notamment deux banques centrales supranationales établies en Afrique. Une particularité remarquable qui s'explique par le souci de maintenir une communauté monétaire qui existait avant même les États africains concernés, du temps des colonies. La décolonisation a conduit à des ruptures, mais aussi dans certains cas à la recherche d'intégrations qui doivent favoriser le développement.

1. **L'origine coloniale d'une communauté monétaire.** L'histoire monétaire coloniale est marquée pendant longtemps par une grande diversité des unités et des instituts d'émission. La guerre de 14-18 puis les difficultés du commerce international ont conduit à une meilleure intégration économique de l'Empire colonial et après la loi du 8 août 1920 donnant cours légal aux pièces françaises, le franc métropolitain va régner sans partage. L'uniformité monétaire est totale, sous réserve de quelques variétés purement formelles comme la piastre indochinoise ou la livre libanaise. Dans ces conditions, l'État renforce son contrôle sur les instituts d'émission, sur le modèle de la Banque de Madagascar créée en 1925 sous la forme d'une société d'économie mixte, avec un compte courant au Trésor[1].

Le début de la seconde guerre mondiale va s'accompagner d'un dirigisme monétaire, avec la mise en place du contrôle des changes le 9 septembre 1939. La zone franc se constitue alors dans les faits, par opposition aux autres devises, comme pour la zone sterling. Ces règles communes de contrôle des changes vont représenter pendant longtemps le critère d'appartenance à la zone et l'utilisation du franc permettra de maintenir une liberté des échanges dans une économie mondiale dominée par l'autarcie. Cependant, l'évolution du conflit va conduire à la rupture de l'unité.

Tandis que les territoires contrôlés par le Régime de Vichy voient leur monnaie liée au mark et dépréciée par une forte inflation, les colonies ralliées à la France

1. A. Neurisse, *Le franc CFA*, Paris, LGDJ, 1987 ; H. Gérardin, *La zone franc*, t. I : *Histoire et institutions*, Paris, L'Harmattan, 1989.

libre bénéficient du maintien de la parité ancienne du franc garantie par la Banque d'Angleterre. Une Caisse centrale de la France libre est créée et reprend en 1942 le privilège d'émission de la Banque de l'Afrique occidentale. A la fin de la guerre on retrouve l'unité monétaire et la Caisse centrale de la France d'outre-mer succède à l'institut précédent, mais on se rend compte rapidement que cette unité est très artificielle car les hausses des prix ont été assez différentes selon les territoires : par rapport à 1939, elles sont de 2,5 à 5 fois.

Or l'adhésion de la France au FMI va nécessiter une définition de la parité du franc. Ceci est réalisé le 26 décembre 1945, mais avec une différenciation selon les secteurs géographiques. Nous avons alors trois unités distinctes avec un franc des Colonies françaises du Pacifique (FCFP), un franc des Colonies françaises d'Afrique (FCFA) et un franc de la métropole valable également pour l'Afrique du Nord et les Antilles (FF). Le FCFP valait 2,40 FF et le FCFA 1,70 FF.

Cette différenciation s'accompagne cependant d'une affirmation d'unité car le communiqué du ministre des Finances parle de « Constitution de la zone franc » et c'est la première fois que le terme est utilisé officiellement. Il se justifie par la solidarité établie entre les monnaies, bien que celles-ci soient émises par des instituts différents. Cette solidarité conduit tout d'abord les monnaies vers une dépréciation commune, liée à la poursuite de l'inflation. Cependant, il y a parfois des aménagements pour tenir compte de situations locales et les parités internes sont parfois modifiées, comme lors de l'importante dévaluation de 50 % du FCFA le 12 janvier 1994.

Ce régime est dans l'ensemble relativement autoritaire et centralisé, sous le contrôle d'un Comité monétaire établi par la loi du 24 mai 1951 et présidé par le gouverneur de la Banque de France, le vice-président étant le directeur du Trésor. Par ailleurs le privilège d'émission est de plus en plus réservé à des organismes publics, soit par nationalisation comme pour la Banque de l'Algérie en 1949, soit par création d'établissements publics. Ainsi sont créés en 1955 l'Institut d'émission de l'Afrique occidentale française et du Togo et l'Institut d'émission de l'Afrique équatoriale française et du Cameroun, qui correspondent au découpage administratif de nos territoires africains. Enfin, en 1959, un Institut d'émission des départements d'outre-mer est établi pour la Guadeloupe, la Martinique, la Guyane, la Réunion et pour Saint-Pierre et Miquelon. Mais cette architecture devra tenir compte des évolutions politiques de l'ancien Empire colonial, désormais qualifié d'Union française avant de devenir Communauté française.

2. **Le développement d'institutions autonomes après la décolonisation.** — L'évolution va permettre de passer d'une monnaie imposée à une monnaie acceptée, dans le cadre d'une structure associative fondée sur des habitudes et des intérêts communs, mais avec des variantes d'organisation adaptées aux situations géographiques ou politiques particulières[1].

Les premières indépendances des années 1950 se traduisent généralement par la rupture. Les nouveaux états ont le souci d'affirmer leur souveraineté monétaire, d'autant plus qu'il s'agissait souvent de territoires sous mandat ou de protectorats dont l'intégration avec la métropole n'était pas complète ou bien de pays qui ont dû mener de longs combats pour rompre le lien avec la France. Cependant pour les pays d'Afrique noire, dont l'indépendance est mieux négo-

1. H. Gérardin, La zone franc face à son histoire et aux autres zones monétaires : rapports de domination et dynamique d'intégration, *in* R. Sandretto (dir.), *Zone franc. Du franc CFA à la monnaie unique européenne,* Paris, Éditions de l'Épargne, 1994, p. 17-59.

ciée et s'accompagne de la constitution d'une Communauté française, les relations économiques vont être maintenues et renforcées par des accords.

Les institutions sont adaptées à la nouvelle situation et l'Institut d'émission de l'AOF devient en 1959 la Banque centrale des États de l'Afrique de l'Ouest (BCEAO), intégrée en 1962 dans l'Union monétaire ouest-africaine (UMOA), mais son siège demeure tout de même à Paris. Cependant la zone reposait toujours sur le principe ancien d'une communauté imposée depuis 1939 par le contrôle des changes. La levée de ce contrôle, après 1966, va conduire à formaliser les relations dans des conventions qui forment la base des institutions actuelles en Afrique.

Des conventions sont ainsi signées entre la France et plusieurs États pour fixer les règles de la coopération monétaire et les sièges des institutions sont maintenant installés en Afrique, ce qui est symboliquement de la plus haute importance. Ces accords distinguent deux groupes de pays, selon les partages géographiques traditionnels. La convention du 23 décembre 1972 est signée par la France, le Cameroun, le Congo, le Gabon, la République Centrafricaine et le Tchad et la Guinée équatoriale y adhérera le 1er janvier 1985. Elle établit la Banque des États d'Afrique centrale (BEAC) qui succède à l'ancien Institut compétent pour cette zone. La convention du 4 décembre 1973 régit l'UMOA et la BCEAO et concerne la France, le Bénin, le Burkina-Faso, la Côte-d'Ivoire, le Niger, le Sénégal et le Togo, puis le Mali à partir du 1er juin 1984.

Le groupe de l'Union monétaire ouest-africaine est caractérisé par une intégration plus forte avec un rôle important des chefs d'états africains et des ministres des finances dans la définition de la politique monétaire. Néanmoins s'il y a quelques différences de structures, les deux groupes partagent les quatre règles constitutives de la zone franc, maintenues sans changement : convertibilité à parité fixe des monnaies de la zone, libre transférabilité interne, mise en commun d'une majorité des avoirs extérieurs en or et devises, unification des règlements sur les changes. Cette organisation repose donc essentiellement, comme à l'origine, sur les comptes d'opérations qui assurent la matérialité des principes précédents : les instituts d'émission sont en compte courant avec le Trésor public français qui fournit par cette voie les francs nécessaires en dernier ressort.

Cette solidarité fixée entre les pays africains, qui conservent par ailleurs leur personnalité financière et adhèrent individuellement au FMI, a apporté une grande stabilité que l'on peut considérer comme globalement favorable à l'investissement et au développement bien qu'un courant intellectuel dénonce violemment cette construction. Après une crise de confiance sensible provoquée par l'importante dévaluation de 1994 qui intervenait après un demi-siècle de fixité, les bienfaits de l'intégration régionale paraissent de nouveau convaincants, d'autant plus que l'avenir de cette zone monétaire est lié à celle de la construction européenne.

CONCLUSION

Les derniers développements de la construction européenne confortent absolument le rôle fondamental des banques centrales dans la création monétaire et dans la maîtrise de l'avenir tel qu'il a été dégagé par trois siècles de pratique. En effet, c'est dès le début de la mise en place d'une nouvelle monnaie unique que l'on se préoccupe aussi de régler tous les détails de la nouvelle banque centrale qui devra s'occuper de cette monnaie et surtout en garantir la stabilité (Dévoluy, 1996, 123-150). C'est dans cette perspective que l'on insiste résolument sur l'indépendance des institutions monétaires et que l'une des racines historiques des banques centrales, le lien privilégié avec le pouvoir politique, est mis à l'écart, dans les structures mais aussi dans le fonctionnement puisqu'il est expressément interdit de financer le déficit budgétaire par la création monétaire. Mais ce verrouillage de la vieille planche à billets se fait sans perte de prestige ou diminution du rang des instituts d'émission, bien au contraire puisque nous avons pratiquement affaire à un nouveau pouvoir !

Ces changements majeurs se font cependant avec un souci de continuité envisagé par le rapport sur l'Union économique et monétaire, préparé en 1989 par un groupe de travail dirigé par M. Jacques Delors. La plupart des propositions sont reprises dans le traité sur l'Union européenne signé à Maastricht le 7 février 1992 et notamment les aspects institutionnels comprenant la création d'un Institut monétaire européen (IME) et un Système européen de banques centrales (SEBC).

L'IME est une institution originale résultat d'un compromis entre partisans et adversaires de la mise en place rapide d'une banque centrale européenne. Ce n'est pas une banque centrale mais un organe destiné à préparer techniquement le passage à la monnaie unique en renforçant notamment la coopération entre les banques centrales des États membres. Cette coopération se faisait depuis 1964 dans le cadre d'un Comité des gouverneurs des banques centrales qui disparaît car les gouverneurs siègent désormais au Conseil de l'IME. Celui-ci disparaîtra également avec la mise en place de la nouvelle Banque centrale européenne (BCE).

Cette BCE sera un élément essentiel du SEBC qui comprend aussi les banques centrales nationales. Tout en appartenant à ces dernières qui seront seules autorisées à détenir le capital et à percevoir leurs parts du revenu monétaire, mais qui apporteront aussi les réserves de change, la BCE jouera en principe un rôle prédominant dans la politique monétaire de l'Union. Mais les banques nationales demeurent selon le principe général de subsidiarité en vigueur dans le cadre de la construction européenne et leurs gouverneurs siègent dans les organes de la BCE (Conseil des gouverneurs et Conseil général).

Cette combinaison complexe est marquée d'une grande sagesse qui permet d'intégrer facilement les différentes traditions nationales, si importantes dans ces questions de monnaie et de crédit, donc de confiance. Ainsi, les mécanismes du contrôle prudentiel systématique des banques commerciales n'ont pas été déterminés d'emblée par le Traité, mais devront être élaborés par l'IME puis précisés dans le cadre du SEBC tandis que l'on fonctionnera d'abord avec les procédures existantes. Cette absence peut passer pour un facteur de faiblesse mais il faut plutôt, dans la perspective historique, la considérer comme une garantie d'efficacité par l'adaptation aux réalités multiples.

Finalement, même si le Traité de Maastricht peut passer pour une manifestation de la volonté d'accélérer et de globaliser l'intégration européenne, les aspects monétaires se rattachent toujours à la fameuse doctrine formulée par Robert Schuman le 9 mai 1950 dans son discours du Salon de l'Horloge : « L'Europe ne se fera pas d'un seul coup, ni dans une construction d'ensemble. Elle se fera par des constructions concrètes créant d'abord une solidarité de fait. » Après tout, c'est bien de cette façon que se sont déjà constituées les banques centrales.

BIBLIOGRAPHIE

Banque des règlements internationaux, *Huit banques centrales européennes,* Paris, PUF, 1963, 392 p.

Dévoluy M., *Monnaie et problèmes financiers,* Paris, Hachette, Les Fondamentaux, 1994, 260 p. ; *L'Europe monétaire. Du SME à la monnaie unique, ibid.,* 1996, 160 p.

Goodhart Ch., *The Evolution of Central Banks,* Cambridge, Mass., MIT Press, 1988, IX + 206 p.

Kindleberger Ch., *Histoire financière de l'Europe occidentale,* Paris, Economica, 2e éd., 1990, 708 p. ; *Histoire mondiale de la spéculation financière, de 1700 à nos jours,* Paris, 1994, 342 p.

Kisch C. H., Elkin W. A., *Central Banks,* New York, MacMillan, 1928, X + 384 p.

Lévy R.-G., *Banques d'émission et trésors publics,* Paris, Hachette, 2e éd., 1912, XXIV + 624 p.

Lévy-Leboyer M. (dir.), *Les banques en Europe de l'Ouest de 1920 à nos jours* (Colloque de Bercy, 1993), Paris, Comité pour l'histoire économique et financière de la France, 1995, 358 p.

Newman P., Milgate M., Eatwell J. (dir.), *The New PALGRAVE Dictionary of Money and Finance,* Londres, MacMillan, 1992, 3 vol.

North M., *Das Geld und seine Geschichte. Vom Mittelalter bis zur Gegenwart,* Munick, Beck, 1994, 272 p.

North M. (dir.), *Von Aktie bis Zoll. Ein historisches Lexikon des Geldes,* Munich, Beck, 1995, 468 p.

Patat J.-P., *Les banques centrales,* Paris, Sirey, 1972, 232 p.

Pohl H. (dir.), *Europaïsche Bankengeschichte,* Francfort, Knapp, 1995, 736 p.

Pose A., *La monnaie et ses institutions (Histoire, théorie et technique),* Paris, PUF, 1942, 2 vol.

Rachline F., *Que l'argent soit. Capitalisme et alchimie de l'avenir,* Paris, Hachette, Pluriel, 1996, 240 p.

Rivoire J., *Histoire de la banque,* Paris, PUF, 1991, 2e éd., « Que sais-je ? », n° 456 ; *Les banques dans le monde,* Paris, PUF, 1986, 5e éd., « Que sais-je ? », n° 1769.

Saint-Marc M., *Histoire monétaire de la France 1800-1980,* Paris, PUF, 1983, 442 p.

Timberlake R. H., *Money, Banking and Central Banking,* New York, Harper & Row, 1965, XVI + 352 p.

Triantafyllou D., *L'activité administrative de la Banque centrale,* Paris, Litec, 1992, 98 p.

Van Der Wee H., Bogaert R., Kurgan-Van Hentenryk G., *La banque en Occident : 25 siècles d'histoire financière européenne,* Paris, Albin Michel, 1992, 396 p.

Il convient de mentionner également ici les études publiées par la *National Monetary Commission*, Washington, 1910-1911, qui représentent une somme importante pour l'histoire des principales banques jusqu'à la fin du XIXe siècle. Enfin on signalera aussi les sources rassemblées sous la direction de F. H. Capie dans les dix volumes de l'*History of Banking*, publiée par W. Pickering à Londres en 1993 (cf. notamment : vol. 6, *Government Banking*, 476 p. et vol. 7, *Central Banking*, 480 p.). Ces brochures, pamphlets et autres documents historiques, reproduits en fac similé, concernent plus spécialement la Grande-Bretagne mais sur beaucoup de point leur intérêt est général.

BIBLIOGRAPHIE THÉMATIQUE « QUE SAIS-JE »

La banque et ses fonctions, n° 2447
La Banque mondiale, n° 2330
La Banque de France, n° 2462
Histoire des unions monétaires, n° 3148
Le mark, n° 3264 (à paraître)
La monnaie unique, n° 2959

TABLE DES MATIÈRES

Imprimé en France
Imprimerie des Presses Universitaires de France
73, avenue Ronsard, 41100 Vendôme
Août 1998 — N° 44 959